ज्ञान गरिमा के

68 वर्ष

भारतीय ज्ञानपीठ

णाणं पयासयं

वीर नि.सं. 2470

ई.सन् 1944

भारतीय ज्ञानपीठ

जहाँ भी हो ज़रा-सी सम्भावना

(भारतीय ज्ञानपीठ के नवलेखन पुरस्कार
से सम्मानित कविता-संग्रह)

जहाँ भी हो
ज़रा-सी सम्भावना

प्रदीप जिलवाने

भारतीय ज्ञानपीठ

लोकोदय ग्रन्थमाला : ग्रन्थांक 1099
ग्रन्थमाला सम्पादक
रवीन्द्र कालिया
सह-सम्पादक
गुलाबचन्द्र जैन

ISBN 978-81-263-4027-9

जहाँ भी हो ज़रा-सी सम्भावना
(कविता-संग्रह)
प्रदीप जिलवाने

पहला संस्करण : 2012
मूल्य : 130 रुपये

प्रकाशक : **भारतीय ज्ञानपीठ**
18, इन्स्टीट्यूशनल एरिया, लोदी रोड, नयी दिल्ली-110 003

मुद्रक : विकास कम्प्यूटर ऐंड प्रिंटर्स, दिल्ली-110032

आवरण-सज्जा : ज्ञानपीठ कला प्रभाग

JAHAN BHI HO ZARA SI SAMBHAVNA
(Poetry)
by Pradeep Jilwane

Published by
Bharatiya Jnanpith
18, Institutional Area, Lodi Road
New Delhi-110 003
e-mail : jnanpith@satyam.net.in, sales@jnanpith.net
website : www.jnanpith.net

First Edition : 2012
Price : Rs. 130

कथाकर भालचन्द्र जोशी
प्रो. डॉ. राधेश्याम कर्मा, सुनील गीते,
साहित्यिक-सांस्कृतिक संस्था 'वयम्' के साथियों के लिए
एवं

मेरे शब्द भटकेंगे उनकी तलाश में और
कहीं न पाकर ठौर अपने लिए
लौट आएँगे ठीक उसी उदासी के साथ
जो हर शाम लेकर लौटते हैं वे
अपने कुपोषित घर के अँधेरे में और
अधपेट भूख और अघायी नींद के बावजूद
कभी ईश्वर को नहीं कोसते हैं

यह जानते हुए भी कि
नहीं पढ़ पाएँगे शायद वे कभी मेरी कोई कविता
मैं अपनी ये कविताएँ उनके नाम करता हूँ...

अनुक्रम

पगडंडी से पक्की सड़क	11
दु:ख की कविता	12
भाषा	14
नींद	15
अँधेरे में हाँक	18
उस मुहल्ले के बच्चे... कुछ भूख चित्र	20
कविता की चाह	23
हाशिये से बाहर	24
युद्ध-काल	25
सड़क पर ख़ून	26
बत्तीस की उम्र में कुँवारापन	27
शून्य	28
कैलेंडर पर मुस्कुराती हुई लड़की	31
सुबह की कविता	32
आधुनिक हत्यारे	33
दुरसिंग का फल्या	34
यक्ष-प्रश्न	42
पिताजी की साइकिल	43
ऊन के जीर्ण-शीर्ण मन्दिर	47
शब्द	49
अकाव	50
नमक	51
एक पुल को देखकर	53
छिपकलियों के बहाने	55

पहाड़ ख़ुश हैं	56
स्वाँग	58
इच्छा	64
लोहा और सोना	66
अनचाहा उपवास	67
एक प्रेमिका का शोकगीत	68
एक प्रेम कविता	69
फिर आना	70
अकेला नहीं हूँ मैं	71
आस्था	72
प्रतिसंसार	73
विसंगति	75
दु:ख कभी खाली हाथ नहीं आता	76
बिके हुए खेत की मेड़ पर बैठे एक किसान का शोकगीत	77
तुम्हारा न लौटना	78
आभास	79
डर के बारे में : कुछ डरते-डरते, कुछ बिना डरे	80
ईश्वर	83
माँ : कुछ अतिरिक्त पंक्तियाँ	84
क्या कभी सोचा गया ?	86
वह	87
स्मृतियों से	89
कुछ प्रेम कविताएँ	92
वापसी	95
बिचौलिये	96
फिर भी...	98
स्मृति-गन्ध	100
अफ़वाहों के बीच	102
क्रमण	106
मुक्तिबोध	108
आदमख़ोर समय	110

तुम्हारी प्रतीक्षा रहेगी	112
1992 : एक दुःखद स्मरण	114
न्यूज़ एंकर	116
जो नहीं जानते	117
ग़नीमत है कि	118
महज़ बालिश्त भर की दूरी पर है चाँद	119
इन दिनों सूरज का दुःख	120
कठिन-उम्र किशोरी	122
आधुनिक किस्म की हिंसाएँ	123
सिर्फ़ उनका पल्लू जानता है	124

पगडंडी से पक्की सड़क

बेटियाँ सीखती हैं अपनी माँ से ही
स्वेटर बुनना और
खुरदरी हथेलियों पर घर ढोना

बेटियाँ सीखती हैं माँ से ही
बनाना चपातियाँ गोल-गोल और
अश्रुओं को रसोई तक ही रखना

बेटियाँ सीखती हैं माँ से ही
चलना मर्द के पीछे-पीछे और
रह जाती हैं वे अक्सर पीछे

बेटियाँ सीखती हैं माँ से ही
जो उसने अपनी माँ से और
उसकी माँ ने अपनी माँ से सीखा

इस तरह चलता चला आ रहा है परम्परा का
पगडंडी से पक्की सड़क बनने का सफ़र।

दु:ख की कविता

दु:ख, हमारे जीवन का एक अहम हिस्सा है
देह के ज़रूरी अंग-सा

दु:ख नमक की तरह घुल जाता है आसानी से
और हलक में छोड़ जाता है अपना खारा अनुभव—
हर घूँट के बाद एक नया अनुभव

हम दु:ख को और दु:ख हमें
जानते हैं, पहचानते हैं अच्छी तरह
हम दु:ख को और दु:ख हमें
घर के सामने लगे घूरे-से घूरते रहते हैं अक्सर

दु:ख की शापित गौरया छत पर बैठी
इसी ताक में रहती है कि कब थोड़ा-सा अवसर मिले
और चार तिनकों का एक घोंसला बना लूँ इस शानदार घर में
किसी झूमर के ऊपर, किसी पुरानी तस्वीर के पीछे

मेरे घर का एक ही रास्ता है
मगर दु:ख न जाने किन-किन रास्तों से
चला आता है दरवाज़े तक

दु:ख, जंगल के कंठ में भेड़ियों का शोकगीत है
गहराते हुए अँधेरे के साथ बढ़ता जाता

अकेलेपन का वो कानफोड़ू शोर है,
जिसे सुनना और सहना
हमारी मजबूरी भी है और नियति भी।

भाषा

कितने बहुविध-भाषी हैं हम
घर में अलग भाषा बोलते हैं
और बाज़ार में अलग

हमारी नैतिक भाषा कुछ और होती है
सामाजिक कुछ और
राजनीतिक कुछ और
और यह भाषायी फ़र्क़
सिर्फ़ हमारे लहज़े तक सीमित नहीं रहा
हमारे विचारों से भी परिलक्षित होने लगा है स्पष्ट
अब थूक से सिर्फ़ करारे नोट ही नहीं गिने जाते
अपनी भाषा को भी चमकाया जाता है
हमारी दोमुँही चौमुँही चिकनी-चुपड़ी भाषा
विक्षिप्त आदमी के संकेतों-सी गूढ़ रहस्यमय
और भटकाऊ भले हो,
पर कमाऊ है
और कमाऊ पूत
हर माँ को प्यारा होता है।

नींद

1.

नींद अपने लिए जगह तलाश ही लेती है।

बया सुस्ता लेती है टहनी पर बैठे-बैठे
घड़ी दो घड़ी और हो जाती है फुर्र

धूप पहाड़ों से उतरते ही
मैदानों की गोद में जाकर हो जाती है ढेर

हवा तो समन्दर की लहरों पर
खेलते-खेलते ही मारने लगती है झपकियाँ

चाँदनी जहाँ भी पाती है खाली जगह
अपना बिस्तर लगा लेती है

मछलियाँ भी तैरते-तैरते
सोने का हुनर जानती हैं

नींद के लिए ज़रूरी नहीं
मखमली गद्दे
वातानुकूलित कमरों की अनिवार्यता
गर्म देह का स्पर्श
नींद अपने लिए जगह तलाश ही लेती है
जहाँ भी हो ज़रा-सी सम्भावना।

2.
नींद अजान संकेत-लिपि में
उकेरे गये भित्तिचित्रों-सी होती है रहस्यमय

नींद का कोई रंग नहीं होता
नींद पानी की तरह पारदर्शी और गन्धहीन होती है

जिस समय नींद किसी को घेरे होती है
कोई नींद को अपना हथियार बना
किसी का गला रेत रहा होता है
कोई प्रेमी अपनी प्रेमिका के गलबाँहें डाल
टहल रहा होता है समन्दर किनारे
कोई बीमार अपने बिस्तर पर पड़े-पड़े
प्रार्थना के अन्तिम मौलिक गीत रच रहा होता है
कोई नवजात पहली दफा अपनी पलकें खोलकर
देख रहा होता है उजाले का रंग

नींद के घेरे में पड़ा आदमी शायद नहीं जानता
नींद आदमख़ोर भी होती है
गाँव के गाँव डकार सकती है एक निवाले में
जैसे उजाले को निगल जाती है औखा

नींद के बारे में और भी कई सच हैं
जैसे नींद आँखों में नहीं होती
ठीक उसी तरह
जिस तरह
सपने आँखों में नहीं होते
जनमते हैं हमारे ही भीतर
पनपते हैं मस्तिष्क में
पलते-फूलते हैं अन्तस् की गहराइयों में

3.

नींद वहाँ भी नहीं है
जहाँ धूप वर्जित है
और वहाँ भी नहीं
जहाँ सिर्फ़ धूप बची है
बीच की जगह है कोई

और यकीनन यह जगह है
बची है उम्मीद/ बचा है भरोसा।

4.

कभी नींद आदमी को उठाकर
इतिहास के कूड़ेदान में फेंक देती है
तो कभी छोड़ आती है
भविष्य की अन्तहीन संकीर्ण गलियों में
जहाँ से लौटता है आदमी पसीने-पसीने
एक चौंक या बड़ी शर्म के साथ
अपने चेहरे पर महसूसता है
उभर आयी विकृतियाँ
जो समय अपने चेहरे से उतार
उसके चेहरे पर चस्पा कर देता है धोख़े से
नींद के बारे में
कई तरह के सच और अफ़वाहों के बीच
एक सच यह भी कि नींद ज़रूरी है
लेकिन दोस्त,
नींद में होना एक बड़ी 'रिस्क' है
ख़ासकर इस दौर में।

अँधेरे में हाँक

अँधेरे में एक लम्बी हाँक लगाता हूँ
और प्रतीक्षा करता हूँ
कोई आवाज़ लौटकर नहीं आती है
अपनी आवाज़ भी नहीं

फिर हाँक लगाता हूँ
फिर प्रतीक्षा करता हूँ
फिर अफ़सोस...
लौटकर नहीं आती कोई आवाज़
अपनी आवाज़ भी नहीं

हैरानी है!

कहाँ खो जाती हैं आवाज़ें?
कौन खा जाता है आवाज़ों को?
क्या अँधेरा? क्या सड़कें?

अँधेरे के लिए खाने को क्या
सिर्फ़ आवाज़ें ही बची हैं!

सड़कें क्या
इतनी भुक्खड़ हो चुकी हैं अब!

कोलाहल के लिए कुख्यात

इस इलाके में
अँधेरे में
आवाज़ों का इस तरह ग़ायब होना
क्या हैरान नहीं करता है?

उस मुहल्ले के बच्चे... कुछ भूख चित्र

1.
उनके लिए रोटी
कटी हुई पतंग की तरह है

ललचाती हुई दूर तक ले जाती है
और जब करीब आती है
इतने हाथ झपट्टा मारते हैं
एक साथ
कि
मुकम्मल
किसी हाथ में नहीं आती है।

2.
उनके खिलौने
किसी बाज़ार में नहीं बिकते
किसी दुकान में नहीं मिलते

सच तो यह है कि
उनके लिए खिलौने बनते ही नहीं

थोड़ा-सा सच और
सुन सको तो यह कि
वे बच्चे इस बात को नहीं मानते।

3.

उनके लिए नींद
भूख से दस घंटे की राहत है

कई बार तो ऐसा भी होता
वे ईश्वर से प्रार्थना करते हैं
भूखी प्रार्थना
कि उन्हें नींद आ जाये
एक बेहद लम्बी नींद
एक अनन्त गहरी नींद
मगर
ईश्वर— उनका खेल-सखा—
उनकी नींद में रोटियाँ भर देता है
और हर बार अनसुनी रह जाती हैं
उनकी प्रार्थनाएँ

4.

उनके चेहरे पर हँसी
अचानक चली आती है
अक्सर बेवजह

भूख में भी हँसी

हाँ! सच
भूख में भी हँसी
पिछली भूख की हँसी
पिछली से पिछली भूख की हँसी

कौन हँसाता है?
इन खाली डमरुओं को
कौन बजाता है?

भूख!

भूख हँसाती है
और
भूखी हँसी हँसकर
चली जाती है अक्सर
उनके मुहल्ले से
फिर आने को कहकर।

5.
बहलाने पर भी
उन्हें
चाँद में रोटी
कभी नहीं दी दिखाई

हाँ! मगर
रोटी में चाँद
उन्होंने देखा है अक्सर।

कविता की चाह

चाहती तो यह भी हूँ कि
चखकर देखूँ ज़ायका माटी का
थोड़ा-सा असभ्य होते हुए

चाहती तो ये भी हूँ कि
रात के दुःखी चेहरे को
पारदर्शी और पवित्र हँसी की उम्मीद दूँ

चाहती तो ये भी हूँ कि
ऊब की ऊँटनी से उतरकर
चलूँ साथ तुम्हारे कुछ दूर तक

चाहती तो ये भी हूँ कि
पोत दूँ दुनिया को
किसी खिले-खिले रंग से

चाहती तो बहुत कुछ हूँ
मगर
तुम तो जानते हो
मेरे चाहने भर से अब
नींद कहाँ आती है चाँद को
रात की शीतल गोद में लेटकर भी...।

हाशिये से बाहर

बेतरतीब
बिखरे
इतिहासविहीन

अपने वजूद को तलाशते
किसी शून्य में विचरते

ऐसे भी शब्द हैं कुछ
नामालूम अर्थों वाले
जो रहे
हाशिये से भी बाहर

ये और कि
कभी पढ़े नहीं गये

ये और कि
किसी ने ज़हमत नहीं उठायी
पढ़ने की उन्हें।

युद्ध-काल

युद्ध-काल
समय की आँख में अटका
ऐसा अ-काल होता है

जब
चाहकर भी
कुछ ऐसा करना पड़ता है
जिसे करने की
ज़रा भी इच्छा नहीं होती

कुछ ऐसा देखना पड़ता है
जिसे देखने की
ज़रा भी इच्छा नहीं होती

कुछ ऐसा सुनना पड़ता है
जिसे सुनने की
ज़रा भी इच्छा नहीं होती

कुछ ऐसा कहना पड़ता है
जिसे कहने की
ज़रा भी इच्छा नहीं होती।

सड़क पर ख़ून

सड़क पर ख़ून है
सूखा–गाढ़ा–गहरा–कत्थई

सड़क पर ख़ून है
और सिर्फ़ ख़ून देखकर
यह बता पाना मुश्किल है कि
ख़ून आख़िर किसका है
ख़ून की जात क्या है
ख़ून का धरम क्या है
यह भी कि ख़ून आदमी का है
कि किसी जानवर का है ?

सड़क पर ख़ून है
और ख़ून तो ख़ून होता है
सड़क पर यूँ बिखरेगा तो
सवाल उठेगा ही !

बत्तीस की उम्र में कुँवारापन

कुँवारेपन की इस उम्र में
बन्द सपने नहीं आते
आकाश की तरह खुले
और तेज़ बरसात में धुली सड़क की तरह
साफ़ और हद से ज़्यादा चिकने सपने आते हैं

इस उम्र में देह का शेष
'अवशेष' में तब्दील होने की कल्पना मात्र से
स्खलित हो जाता है शीघ्र

इस उम्र तक आते-आते
रोशनी के परकोटे में 'ब्लेक होल' के ख़्याल
मन को झुँझलाने लगते हैं, बावजूद इसके
दर्शन या अध्यात्म की ओर
एक अनचाहा झुकाव भी महसूसती है आत्मा
लेकिन वह किसी आत्मा-वात्मा की आवाज़ को
नहीं मानता/ नहीं जानता
फिर भी अन्दर ही अन्दर एक ख़ामोश डर तो होता है
अपने लगातार कम होते बालों की फ़िक्र के साथ

कभी मन कहता— 'छोड़ दे उम्मीद'
मगर जानता है, उम्मीद उसे नहीं छोड़ेगी
कम-से-कम इस उम्र में तो बिल्कुल नहीं।

शून्य

1.

शून्य के साथ एक संकट हमेशा होता है
उसे कहीं भी उठाकर किसी खाली जगह में
रखना कठिन होता है
इसलिए कि
वहाँ, जगह खाली होने के बावजूद,
शून्य रखा होता है
शून्य में
शून्य के ऊपर
शून्य रखने की जगह नहीं होती है
खाली जगह खाली होने के बावजूद
शून्य से भरी होती है
हर खाली में
शून्य का भराव होता है।

2.

शून्य एक भरोसा है
अपने कहे के समर्थन में
मैंने एक उड़ती हुई चिड़िया
की तरफ इशारा किया
चिड़िया जिसके लिए उसका शून्य ही
आज का भरोसा
कल की आश्वस्ति है
अपने शून्य में ही अपना दिगन्त देखती है।

शून्य क्या है ?
उनसे पूछिए
जिनके पास शून्य भी नहीं होता।

शून्य एक भरोसा है
और यह उतना ही सच है
जितना यह कि
भरोसा एक शून्य नहीं।

3.

शून्य
सिर्फ़ शून्य नहीं होता
होता तो
यूँ लटकता हुआ दिखाई नहीं देता
माथे पर
हथौड़े की तरह
ठन–ठन चोट करता हुआ

शून्य
सिर्फ़ शून्य होता तो
इतिहास में कहीं भी दर्ज नहीं होता
शून्य का कोई किस्सा
और सभ्यताओं के विकास में शून्य का हिस्सा

शून्य
सिर्फ़ शून्य नहीं होता
होता तो चीज़ों को
एक से दस
दस से सौ
सौ से हज़ार नहीं करता
और फिर

ज़्यादा उधर क्यों खड़े होते
जिधर ज़्यादा शून्य होते!

4.

शून्य है तो क्या
शून्य की कोई परिभाषा नहीं हो सकती

शून्य है तो क्या
शून्य किसी भाषा में दर्ज नहीं हो सकता

शून्य है तो क्या
शून्य इतिहास का हिस्सा नहीं हो सकता

शून्य है तो क्या
शून्य सिर्फ़ शून्य ही रहेगा अन्त तक!

कैलेंडर पर मुस्कुराती हुई लड़की

मैंने देखा उसकी आँखों में एक अजीब-सी गमक है
आधुनिक बाज़ार की चकाचौंध से उपजी हुई
एक शहरी चुनौती है
जो उसकी अधखुली देह से दमक रही है
और लगभग पारदर्शी कपड़ों से छन कर
पसर रही है पूरी दीवार पर

कैलेंडर पर मुस्कुराती हुई लड़की
अपनी देह की सुन्दरता के दर्प में नहीं मुस्कुरा रही है
और न ही इस आशय से कि
इस तरह वह कोई यौनिक तृप्ति या सुख पा रही है।

कैलेंडर पर मुस्कुराती हुई लड़की की मुस्कुराहट के रहस्य
इतने सीधे-सरल भी नहीं हो सकते
या उसे इतने साधारण अर्थों में नहीं लिया जा सकता कि
'वह अपनी इस मुस्कुराहट की बाक़ायदा तय क़ीमत पा रही है।'
इतने फ़ीके या स्वादहीन भी नहीं हो सकते
इस मुस्कुराहट के रहस्य

कैलेंडर पर मुस्कुराती हुई लड़की मुस्कुरा रही है
और मुस्कुराते हुए उसके होठों पर
एक किस्म का आमन्त्रण है
और यह आमन्त्रण उसकी देह में समाने का नहीं
उसकी देह पर चुपड़े 'प्रोडक्ट' तक जाने का है।

सुबह की कविता

रात धीरे-धीरे दीवार फाँद गयी,
चाँद मेरी छत से होकर गुज़र गया
जुगनुओं का शोकगीत अब भी जारी है।

गरमागरम मुद्दों की अलाव जलाकर
सर्द सुबहों में लोग अपने हाथ सेंक रहे हैं
और जो थोड़े सोये थे
सनसनीख़ेज़ ख़बरों की चादर ओढ़कर
अभी भी सोये हैं
और बड़बड़ा रहे हैं नींद में

यह समय
इस युग का सबसे कठिन समय है
और यह युग
अपनी उपेक्षा से तिलमिलाया, क्रोध से फुँफकार रहा है
रातभर की डरी खिड़कियाँ
अभी-भी काँप रही हैं किसी अजान भय से

आदमी के लिए सबसे शर्म की बात तो यह है कि
दरवाज़े
जो महज़ औपचारिकता थे कभी
आज खुलते नहीं,
बाहर का शोर सुनकर भी।

आधुनिक हत्यारे

वे सस्ता कर्ज़ देते
हत्या से पहले

वे आधुनिकता का भ्रम देते
हत्या से पहले

वे अपना चमाचम बाज़ार दिखाते
हत्या से पहले

वे सबको विश्वास में लेते
हत्या से पहले

वे शान्ति का पाठ पढ़ाते
हत्या से पहले

वे हत्या को ज़रूरी बताते
हत्या से पहले

वे हत्या को जायज़ ठहराते
हत्या से पहले।

दुरसिंग का फल्या*

इने गिने टप्पर चार
दुरसिंग के फल्या में
उकताये हुए इन जंगलों की
ऊँची-नीची लहरदार बयड़ियों पर
किसी अचरज की तरह
सीना-ताने तन ठोक खड़े।

सड़क तो ख़ैर दूर की बात है
पगडंडियाँ तक अपना पता भूल जाती हैं
यहाँ तक आते-आते
(बिजली तो जैसे अभी सदी भर से ज़्यादा
के फ़ासले पर है यहाँ से)

दुरसिंग के फल्या में भी सूरज उगता है
फल्या की छोटी बयड़ी के
बड़े महुए के पीछे से
और फैल जाता है सारी दुनिया में
दिन भर में दुनिया नाप लेने के संकल्प के साथ
देश-दुनिया के साथ

---

* फल्या— सुदूर आदिवासी क्षेत्रों में बेतरतीब बसे छोटे-छोटे गाँव फळ्या (फल्या) या फलिये कहलाते हैं। इन फल्यों में आमतौर पर एक ही कुनबे के लोग रहते हैं और फल्या को उसके मुखिया के नाम से ही पुकारा जाता है। कई फल्यों में तो बमुश्किल दो-चार घर ही होते हैं। जंगल-पहाड़ियों में कहीं भी अपने टापरे बनाकर जीवन-यापन करने वाली इन अनुसूचित जनजातियों की अपनी परम्परागत संस्कृति और जीवन शैली होती है।

सूरज निगाह रखता है दुरसिंग के फल्या पर भी
सूरज दुरसिंग के टापरे के सुराखों से
अनाज के कणगों को टटोलता है
बर्तनों को खँगालता है देर तक
इस उम्मीद से कि
मिल जाए शायद रात का ही कुछ बचा-खुचा
दुरसिंग के खाली पेट की तरह बजता है
दुरसिंग के अनाज का खाली कणगा भी
अल्यूमीनियम की दबी-कुचली प्लेटें
टापरे के बाहर धूप खाती पड़ी रहती हैं दिनभर
सूरज अपनी सम्पूर्ण निराशा के साथ
टापरा-टापरा
बयड़ी-बयड़ी
फल्या-फल्या भटकता है
फिर सूखी घास-फूस चरने लगता है

धूप जब मृतचैल-सी फैली होती है चारों तरफ
दुरसिंग फल्या के बच्चे
धूप के टुकड़ों का गोश्त इकट्ठा करते हैं अक्सर
और जब क्षयग्रस्त अँधेरा इन जंगलों में
दस्तक देने की सोचता भर है
उससे पहले ही
वे इस गोश्त को भूनकर खा जाते हैं।

अक्सर महुए के फूलों को भी
भूख के विकल्प में ख़ुशी से चबा जाते हैं
दुरसिंग फल्या के बच्चे
और महुए-सा तीखा महकते रहते हैं दिन भर
नंग-धड़ंग
देह के पिंजर को
मामूली चिन्दे से ढँके बच्चे

पीटते हैं बरतन
बजाते हैं पेट
डराते हैं भूख को

००

दुरसिंग के पास
न अपनी कोई कहानी है
न अपना कोई इतिहास
इतिहास तो क्या
उसके पास सुनाने के लिए
अपने पूर्वजों का कोई किस्सा तक नहीं है
विरासत में मिले अपने तीर–कामठी
और आदिम दुःखों के सिवा
उसे तो महज इतना भर पता है
कि वह इसी जंगल का एक हिस्सा है

दुरसिंग की काली–साँवली पीठ
और पिंडलियों की ठोस मज़बूती भी
इतना तो शर्तिया बता ही देती है
कि वह इसी मिट्टी की उपज है
और ये पहाड़ जिन्हें वह
देवताओं की तरह पूजता आया है
दरअस्ल उसके पूर्वज हैं
उसके डोंगरिया देव हैं
उसके भीलट हैं।

००

दुरसिंग नहीं जानता
अभी किसकी सरकार है

उसने सरकार को देखा नहीं है
आपदाओं की भाँति
उसने सिर्फ़ नाम भर सुना है सरकार का

दुरसिंग नहीं जानता
उसका घर/परिवार/कुनबा/फल्या भी दर्ज है
सरकारी फाइलों में
उसका फल्या भी है आँकड़ा साठ का
दुरसिंग नहीं जानता
संसद में अक्सर उसके नाम पर
कितना हो-हल्ला-हुड़दंग मचता है
जितना बड़ा हंगामा
उतना बड़ा पैकेज
सालों से यह हंगामा जारी है
और सालों से वह
इस हंगामे से बेख़बर है
हंगामे की कोई गूँज
कभी नहीं पहुँची उसके फल्या तक

दुरसिंग नहीं जानता

दुरसिंग नहीं जानता
वह हर चुनाव में मतदाता भी रहा है
मय अपने बालिग हो चुके पुत्रों और बहुओं सहित
और एक मतदाता के रूप में
उसकी मुहर सदा सत्ता के पक्ष में लगी है।

००

दुरसिंग नहीं जानता
क्यों बिन बुलाए मेहमान

उसके घर तक चले आते हैं

कोई उसके गले में क्रास टाँग जाता है
तो कोई उसके टापरे में
बजरंग बली की तस्वीर
दुरसिंग समझ नहीं पाता
ये लोग रास्ता भटक जाते हैं
या 'भटके हुए लोग' हैं

उसे अपने फल्या में
इन अनचाहे मेहमानों का आना
भला तो लगता है
पर किसी अजाने भय से
उसकी पिंडलियाँ भी काँप जाती हैं

00

दुरसिंग ने न दिल्ली का नाम सुना है
न भोपाल का
वो नहीं जानता
दिल्ली या भोपाल किस दिशा में हैं
और ये हैं आख़िर किस मर्ज की दवा

वो नहीं जानता
फल्या से दिल्ली या भोपाल की दूरी भी
वह तो सूखती बावड़ी और
प्यासे कंठ के बीच की दूरी जानता है
अपने सूखाग्रस्त खेत से
खाली पेट की दूरी जानता है बस
उसने तो नहीं सुना है दिल्ली या भोपाल का नाम

और न ही उसे कोई गरज है
दिल्ली या भोपाल से
वह तो बस कभी-कभार
आकाश की ओर
निरीहता और मामूली गुस्से के साथ
अपनी पथराई आँखों से ताक भर लेता है
जब चढ़ते आषाढ़ के बाद भी
उसे नज़र नहीं आता
कोई बादल का टुकड़ा
अपने फल्या की ओर आते हुए

00

बारिश जब शहरों को धोती
गाँवों को गलाती
दुरसिंग के फल्या में दस्तक देती है
तो
बारिश के साथ उम्मीद भी बरसती है
जो फल्या में भर देती है
नये हौसले
नयी उम्मीद
नया भरोसा
दूर तक फैला जंगल भी
अपने पूरे रंग में आ जाता है
घास-फूस से लेकर
चीड़-सागौन तक
नये मौसम की हवाओं के साथ
एक सुर-एक ताल में
वृन्द गीत गाते हैं—
'पोले बोयड़े मारा डूरे,
इने बोयड़े तारा,

काय कारिने बुलाड़ो
सीटी दी ने बुलाड़ो।'

00

फल्या के चारों ओर फैले
इन दुर्गम–दुरूह पहाड़ों पर चढ़ना
हम शहरातियों के लिए भले ही
'एक्साइटमेंट' हो
दुरसिंग की बहुएँ दिन में दो दफा
इन्हें लाँघकर
पीने का पानी भर लाती हैं
'कालबयड़ी' के तलाव से

दुरसिंग भी
कोस–चार कोस यूँ नाप जाता है
गोया 'वाकिंग डिस्टेन्स' हो
साप्ताहिक हाट–बाज़ार में जाता भी है वह
मीलों पैदल चलकर

दुरसिंग के फल्या में
आधुनिक विज्ञान का
कोई चमत्कार चिह्न न हो
लेकिन यहाँ
न आत्मा रेहन रखने का रिवाज़ है
न सुविधाओं के लिए होड़ है
न विलासिता
न आधुनिकता का ढोंग है
यहाँ न सेंसेक्स बढ़ने पर
आँखों में चमक आती है
न घटने पर पड़ता है दिल का दौरा

जीने के लिए ज़रूरी साज़ो-सामान
है ही कितना!

००

क्या आपने भगोरिया के दिनों में दुरसिंग के फल्या को देखा है!

भगोरिया
        जंगल का फाग पर्व है।
भगोरिया
        आदिम अनुराग पर्व है।
भगोरिया
        जीवन-राग पर्व है।

भगोरिया के दिनों में
दुरसिंग फल्या की रंगत देखते ही बनती है।
फल्या के लोग
भूलकर अपने सब दुःख-तकलीफ़-अभाव
महुए की देशी शराब के नशे में
माँदल की थाप पर थिरकते हैं अनथक
एक दूसरे के हाथों में हाथ डाले और
उनके साथ महुए की मदमस्त गन्ध से
सराबोर हो झूम उठता है पूरा जंगल
पहाड़-पेड़-पाखी-पवन भी
'पुरी लींबुड़ी नी छाया मती जाय वऽ
लींबुड़ी मुरे आवली।
पुरी लींबुड़ी नो फल मति खाय वऽ
लींबुड़ी मुरे आवली।'

यक्ष–प्रश्न

कितने घर जले
कितनी बस्तियाँ उजड़ीं
कितना बहा लहू
लेकर तुम्हारा नाम

सच कहो
बन भी गया मन्दिर तुम्हारा
क्या उसमें तुम रह पाओगे राम ?

पिताजी की साइकिल

यह साइकिल
पिताजी के पास तब से है
जब माँ भी ब्याह कर नहीं आयी थी घर में
और नगर में गिने-चुनों के पास
होती थी तब साइकिल

बड़े फ़क्र से बताते हैं पिताजी
जब उन्होंने पास की थी मैट्रिक पहले दर्जे में
तब उनके पिता ने यानी मेरे दादा ने
(जिन्हें पिताजी काका कहते थे)
उन्हें लाकर दी थी यह साइकिल
और वो भी ख़ूब मान-मनौअल के बाद

साइकिल के किस्से
यूँ भी पिताजी बड़े चाव से सुनाते हैं
क्या-क्या हथकंडे
नहीं अपनाये थे तब उन्होंने
इस साइकिल की ख़ातिर
सुनाते-सुनाते पिताजी के चेहरे पर
एक तरल-सी मुस्कान आ जाती है
जो एक स्फुट-हँसी की बेलगाम धार में
हो जाती है तब्दील
वे काका को
बार-बार याद दिलाते फिरते रहे कि

उन्होंने वायदा किया था
अव्वल दर्जे में पास होने पर साइकिल देंगे
काका कभी आज तो कभी कल करते
पिताजी काकी के पास जाते और
ख़ूब पा-लागन करते
कि वह काका को राजी करें
काकी पिताजी को तो हाँ कर देती
लेकिन जानती थी काका के सामने
ज़बान भी न खोल सकेगी
खाना-पीना छोड़कर पिताजी
चार दिन बैठे अनशन पर
तब कहीं तप फला
काका माने
और मिली यह साइकिल

पिताजी बताते हैं
उस दौर में साइकिल का होना ही
अपने आप में बड़ी बात थी
नगर सेठ की तरह घूमते थे पिताजी
साइकिल पर बैठकर
लोग ताकते रह जाते थे विस्मय से
कभी साइकिल को
कभी साइकिल पर विराजे पिताजी को

पिताजी पूरे नगर में
नित्य इसी शान से निकलते
और हर दूसरे दिन
अपने किसी सहपाठी या मित्र को
पीछे बैठने का सु-अवसर देते थे
एक बड़ी उदारता के साथ
मुझे याद है अच्छी तरह

हम भाई-बहनों को भी
ख़ूब घुमाया है पिताजी ने
अपनी इसी साइकिल पर

पिताजी आज भी अपनी इस साइकिल को
रोज़ धोते-पोछते हैं
हफ़्ते-दस दिन में ऑयल-पानी करते हैं
हालाँकि घर में दो-दो मोटर-साइकिलें हैं
और एक चारपहिया भी है
फिर भी पिताजी
आस-पास कहीं आने-जाने के लिए
अपनी साइकिल का ही इस्तेमाल करते हैं

पिताजी के इस साइकिल-प्रेम को
गली-मुहल्ले के कुछ लोग कंजूसी
तो कुछ लोग इसे
पिता के प्रति पुत्रों की उपेक्षा की तरह भी लेते
कई बार तो
वार-त्यौहार पर घर आये मेहमान
हम सक्षम पुत्रों को सन्देह से देखते
जिसमें एक किस्म की हिकारत भी छुपी होती है
तब सच कहूँ,
मुझे भी इस साइकिल से घृणा होने लगती है
कभी-कभी तो मन में संशय भी उठता है
कि पिताजी हमसे ज़्यादा स्नेह करते हैं या
अपनी इस साइकिल से!
ख़ैर, यह वहम है मेरा
वहम ही हो!
पिताजी की साइकिल आज भी सलामत है
हालाँकि साइकिल
अब चलन से बाहर हो गयी है

आधुनिक जीवन से समाप्त हो गयी और
हो रही कई चीज़ों की तरह
ख़ासकर गिलहरी की तरह
दौड़ते–भागते इन नगरों में
जो महानगर में तब्दील होते जा रहे हैं
जहाँ रफ़्तार से ही तय होती है प्रतिष्ठा
और नापा जाता है आदमी का क़द
ऐसे समय में
साइकिल से घूमते पिताजी
किसी अचरज की तरह देखे जाते हैं
किन्तु पिताजी इन सब से बेपरवाह...
आज भी सम्भवतः उतना ही फ़क्र
महसूसते हैं अपनी इस साइकिल पर बैठकर
जितना उन दिनों
जब घर में साइकिल होना भी
समृद्धि का प्रतीक था

मैं जानता हूँ यह साइकिल
सिर्फ़ साइकिल नहीं है पिताजी के लिए
एक साथी है, एक मित्र है
लम्बी उम्र तक साथ रहने से
स्वाभाविक भी है ऐसी आत्मीयता
लेकिन
कल को क्या मेरे बच्चे समझ पाएँगे
जब कबाड़ में तब्दील हो रही होगी
पिताजी की यह साइकिल... ?

ऊन* के जीर्ण-शीर्ण मन्दिर

अब यहाँ न कोई पूजा-पाठ होता है
और न कोई कर्मकांड
और न ही गर्भगृह में कोई देवता बसता है अब
बस उलूक गश्त लगाते हैं रात भर
और दिन में चमगादड़ फ़रमाते हैं आराम यहाँ

सुना है
जब इन जीर्ण-शीर्ण मन्दिरों में प्राण थे
तब इनमें सिंहारूढ़ देवताओं के चमत्कारों के किस्से
पृथ्वी के दूसरे हिस्सों तक मशहूर थे
कहा तो ये भी जाता है कि
सूर्य अपनी यात्रा इसी पवित्र नगरी से
करता था प्रारम्भ
और चन्द्रमा अपनी पहली किरणों से
इस पावन भूमि का करता था मस्तकाभिषेक।

और आज समय के माथे पर
इतिहास की बर्बरता के ये प्रत्यक्ष प्रमाण
महज़ आदमी के अन्दर की धार्मिक भावनाएँ आहत करते हैं
ध्वजाहीन ध्वस्त गुम्बदों से
अन्दर झाँकते बीमार धूप के टुकड़े

---

* म.प्र. के खरगोन जिले का एक प्राचीन नगर। यहाँ के परमारकालीन मन्दिर अपने वैभव और सांस्कृतिक समृद्धि की कहानी ख़ुद ही कहते हैं।

वीभत्सता ही रचते हैं कुछ ज़्यादा
समाज से बहिष्कृत कुष्ठ रोगियों-सी लाचार
दीवारों और खम्बों पर उत्कीर्ण भग्न शैल कृतियाँ और
कटे-पिटे सरों और टूटे-बिखरे धड़ों वाले देवता
जड़वत् ताकते रहते हैं भूले-बिसरे आ गये पर्यटकों
और इतिहासवेत्ताओं को
मुक्ति की उत्कट आकांक्षा और अभिप्राय से
जिसमें
सोमनाथ न हो पाने की ईर्ष्या भी नहीं होती है
और न ही अयोध्या न हो पाने का दुःख होता है।

शब्द

शब्द की पीड़ा
कहने को
बचे हैं कुछ शब्द

शब्द की बेचैनी
सुनने को
बचे हैं कुछ शब्द

शब्द की अकुलाहट
समझने को
बचे हैं कुछ शब्द

इन्हीं कुछ बचे हुए शब्दों ने
बचा रखा है शब्द को
नि:शब्द होने से।

अकाव

बेमतलब नहीं
उनका उगना

कुछ इच्छाएँ
कहीं भी हो जातीं पैदा

खिल जाते
इच्छाओं के फूल कभी भी।

नमक

मामूली-सा नमक
जो आदमी के सुख का स्वाद बढ़ा देता है
आदमी को अन्दर से मज़बूत बनाता है
चेहरे पर सच की कान्ति उपजाता है
और सबसे बढ़कर
आदमी को भरोसे की चीज़ बनाता है
मार्फत इस कविता
आपको बता दूँ
इस समय की 'ब्रेकिंग न्यूज़' है यह
—'आदमी में घट रहा है नमक'।

इस बाज़ार-तन्त्र के उपभोक्तावादी युग में
इस पूँजी-प्रभुता के दौर में
इस नितान्त व्यावसायिक-सोच समय में
नमक,
अब महज़ एक 'किचन-प्रोडक्ट' भर
होकर रह गया है जिसमें
'आयोडीन' भी ज़रूरी है

इतिहास के मलबे में
कई किस्से हैं
जब मामूली-से इस नमक को
आदमी ने अपने रक्त से तौला था
रणभूमियों में रक्त नहीं, नमक ही बोला था

नमक ने ही लिखे और
लिखवाये कई ग्रन्थ
नमक गाता रहा
सदियों तक एक ही गीत
लगाता रहा एक ही नारा
क्योंकि
नमक भी कर्ज़ की तरह
पिता से पुत्र के हिस्से आता रहा
पीढ़ी–दर–पीढ़ी

मामूली–से नमक की क़ीमत रही
सबसे ज़्यादा
सच्चे प्रेम से भी ज़्यादा
आराध्य ईश्वर से भी ज़्यादा
हर पवित्र नाते से भी ज़्यादा।

एक पुल को देखकर

भाषा भी तो पुल होती है

पुलों को भी आदमी की आवश्यकता या कहें आवश्यकता से जनमी इच्छा ने ही बनाया। वही इच्छा या आवश्यकता जिसने आग पैदा की। वही इच्छा या आवश्यकता जिसने पहिया खोजा। वही इच्छा या आवश्यकता जिसने कपड़े पहनने से लेकर उठने-बैठने की तमीज़ दी। इन पुलों के निर्माण से दुनिया को दुनिया देखने की एक विलग दृष्टि मिली। नये दृश्यों को देखने की नयी दृष्टि। नये दृश्यों तक पहुँचने की नयी राह। नये लोग मिले। नये विचार मिले। नयी संस्कृतियों से परिचय हुआ। नयी सभ्यताओं से साक्षात्कार हुआ। इस तरह के मेल-जोल से जो मिश्रित संस्कृतियाँ और सभ्यताएँ जनमीं, जो कि आज हमारी भी हैं, तुम्हारी भी हैं, यह इन पुलों की बदौलत है।

पुलों से चलकर ही भाषा भी पहुँची इधर से उधर। उधर से इधर। शब्द निकले अपने कूप से बाहर। और एक समय बाद कुछ इस तरह घुल-मिल गये जैसे उन्हीं का हिस्सा हों। नमक-पानी-शक्कर की तरह आपस में हो गये एकमेव। हम जो भाषा लिखते-पढ़ते-बोलते हैं दरअस्ल कई पुलों को पार कर हम तक आयी है।

बच्चे भी तो पुल होते हैं

बच्चे भी तो पुल होते हैं माँ-बाप के बीच। मैं जानता हूँ और आप भी परिचित होंगे ऐसे कई दम्पतियों से जो एक छत के नीचे सिर्फ़ बच्चों की ख़ातिर रहते हैं साथ-साथ। जबकि कहीं-से-कहीं तक उनके न विचार मेल खाते हैं, न व्यवहार। और वे बराबर इस बात में भी यक़ीन रखते हैं कि वे एक-दूसरे के लिए नहीं बने थे। इसे ईश्वरीय दुर्योग मान पछताते हैं हर समय। और इस पछतावे को झुँझलाहट के साथ समय-असमय वे दर्ज भी कराते एक-दूसरे को। फिर भी अन्ततः तो वे रहते साथ। बच्चे उनके बीच

पुल बन जाते। ऐसा मज़बूत पुल जिससे होकर आना-जाना ही उनकी नियति बन जाती है।

वे कभी एक-दूसरे की कोई फ़िक्र करें, न करें किन्तु बच्चों को लेकर उनकी फ़िक्रें एक होती हैं। वे कभी अपने विवाह की वर्षगाँठ न मनाएँ या हर साल भूल जाएँ वर्षगाँठ की तिथि या भूले हुए होने की तमाम कोशिशों के बाद भी कोई याद दिला दे तो वे कुछ इस तरह से पेश आते हैं जैसे उन्हें भूलने की गम्भीर बीमारी है लेकिन वे अपने बच्चों के जन्म दिन मनाते ख़ूब हँसी-ख़ुशी। और कुछ इस तरह पेश आते सबके सामने कि कोई यह सोच भी नहीं सकता कि एक छत के नीचे रहकर भी उन्हें एक-दूसरे तक पहुँचने के लिए किसी पुल की ज़रूरत भी हो सकती है।

छिपकलियों के बहाने

छिपकलियाँ जब भूखी होती हैं
तब भी उतने ही धैर्य से
साध रही होती हैं अपनी दुनिया को
जितने धैर्य के साथ
नज़र आती है अमूमन

उनके बारे में यह तय करना
मुश्किल होता है कि
कब वे भरी होती हैं
और कब खाली

खाली होने की कोई छटपटाहट या
उदग्रता नहीं दिखातीं
हर समय नहीं मनातीं उसका स्यापा
क्योंकि वे जानती हैं
और
पूरी शिद्दत से मानती हैं
कि खाली होना
सबसे पवित्र होना है।

पहाड़ ख़ुश हैं

1.
आदमी ने पहाड़ बनने की ख़ूब कोशिश की
परन्तु पहाड़ ने कभी नहीं बनना चाहा
कुछ और

पहाड़ ख़ुश हैं पहाड़ होकर ही
जैसे नदी ख़ुश है नदी होकर
आग ख़ुश है आग होकर
मिट्टी ख़ुश है मिट्टी होकर
और हवा ख़ुश है हवा होकर

बस आदमी ख़ुश नहीं है
सिर्फ़ आदमी होकर

आदमी पहाड़ भी होना चाहता है
नदी भी
आग भी
मिट्टी भी
और हवा भी
यहाँ तक कि ईश्वर भी।

आदमी को अपनी इच्छाओं के लिए
हमेशा जगह तंग पड़ती है
उसके लिए तो ये पृथ्वी भी
अब पड़ने लगी है कम।

2.

पहाड़ ख़ुश हैं
पहाड़ होकर ही
अपनी बची हुई कौम के साथ...

हालाँकि पहाड़ को आदमी से
शिकायतें बहुत हैं
फिर भी वे कभी ज़िक्र नहीं करते
हर सैलानी का स्वागत करते हैं मुस्कुराकर

अब तक का किस्सा तो यही है
कि पहाड़ ने आदमी के ख़िलाफ़
न कोई मोर्चा खोला है
न कोई एफआईआर दर्ज करवायी है
और न कोई उल्टा-सुल्टा बयान दिया है।

लेकिन इतना तो तय है
एक दिन जब अपनी ख़ामोशी तोड़ेगा पहाड़
आदमी पर टूटेगा 'पहाड़'।

स्वाँग

1.

स्वाँग पर स्वाँग धरते-धरते
कभी-कभी किसी स्वाँग में इतना रम जाते हैं हम
कि उसे ही समझने लगते हैं अपना सच

जबकि
नालायक़ उम्मीदों से भरे उस स्वाँग से बाहर
हमारी खोई हुई पहचानें
आवारा मवेशियों की तरह घूमती हैं

कमज़ोर तर्कों के साथ असफल कोशिशें भी करते हैं हम
क्योंकि हमारा सच रोज़ हमारे सपनों में आता है
और हर सपने में हम झूठे आत्मविश्वास से उसे
न पहचान पाने का स्वाँग करते हैं
नींद में भी एक स्वाँग रचते हैं

और ऐसा हम तब तक करते हैं
जब तक कि कोई दूसरा स्वाँग नहीं मिल जाता है हमें।

2.

मैं जानता हूँ तुम घास नहीं खाते हो
मैं जानता हूँ तुम्हें घास खाने की ज़रूरत भी नहीं है
मैं जानता हूँ घास सभ्य समाज में खाई भी नहीं जाती
मगर क्या तुम नहीं जानते कि

‘घास खाने वाले आम तौर पर हिंसक नहीं होते’

क्या कि मैं घास नहीं खाता?
क्या कि तुम घास नहीं खाते?
क्या कि घास खाई नहीं जाती?

3.

अगर कोई मुझसे पूछे कि
अपनी सबसे अच्छी कविताएँ कब लिख पाता हूँ मैं
तो कहूँगा— अँधेरे में!

अँधेरे में?
हाँ, अँधेरे में!

उजाले में बैठकर नहीं लिखी जा सकतीं
अँधेरे के ख़िलाफ़ बेहतर कविताएँ।

4.

वह दुःखी था और चाहता था कि
उसका दुःख उसके चेहरे से भी दिखाई दे
मगर वह रोना नहीं चाहता था,
यह एक आधुनिक किस्म की लाचारी थी
जो शहर के सबसे सम्भ्रान्त इलाक़े में रहते-रहते उपजी थी

जबकि वह भी चाहता था कि
किसी के कन्धे पर अपना सर रखकर फट पड़े
या बँधे-बँधाये चन्द शब्दों को सुनकर
फूट पड़े उसकी आँखों का पानी भी

मगर वह ऐसा नहीं कर सकता था और
न उसने ऐसा किया और

न ही उसे ऐसा कोई कन्धा सूझा
और न सुनाई दिया कोई ऐसा शब्द

मगर चूँकि वह दुःखी था और चाहता था कि
उसका दुःख उसके चेहरे से भी दिखाई दे
इसीलिए अपनी दाढ़ी को बढ़ा रखा था उसने।

5.

कुछ भी न कर सका, सिवाय उसे पिटते हुए देखने के। सिर्फ़ एक मैं ही कायर नहीं था वहाँ। मुझ सरीखे और भी थे। वे भी देखते रहे मेरी तरह उसका पीटा जाना। गोया यह किसी फिल्म का दृश्य भर हो। वह पिटती रही बीच सड़क पर लातों से... घूँसों से... माँ-बहन की नंगी-नंगी गालियों से।
कुछ भी न कर सका उस समय मैं। न मैं, न कोई और... कुछ समय बाद वह आदमी जो उस औरत को पीट रहा था, शायद थक गया मारते-मारते... या सम्भव है दुःख आये हों उसके हाथ पीटते-पीटते... या शायद ख़त्म हो गया हो उसका गालियों का 'स्टॉक'... या कि जी हल्का पड़ गया हो उसका... या शायद निकल गयी हो उसके मन की भड़ास... वह चला गया।
वह गया तो सब लौट गये... जैसे ख़त्म हो गया तमाशा और
मार खाते-खाते निढाल हुई औरत भी कुछ देर बाद
सिसकते-सिसकते दाख़िल हो गयी
वापस अपने घर के अन्दर

फिर क्या हुआ ? नहीं जानता।
घर के अन्दर जाकर लटक गयी फन्दे से या कि
डाल लिया ख़ुद पर केरोसिन उसने। नहीं जानता।
या रोज़ की तरह भूल गई होगी, आज की पिटाई भी और
शाम के खाने की तैयारी में जुट गई होगी फिर रसोई में जाकर
या कि बन्द कमरे में अपने घावों को आईने में देख
थोड़ा और रोई होगी। नहीं जानता।

उन लोगों के बारे में भी नहीं जानता,

जो वहाँ खड़े थे और देख रहे थे उस औरत का पीटा जाना
नहीं जानता कि वे लोग घर जाकर भूल गये होंगे
इस किस्से को
या बड़े चटखारे लेकर सुनाया होगा
उन्होंने घर के लोगों को
इस किस्से का 'लाइव टेलीकास्ट'
या कि बचपन की उन बदशक्ल स्मृतियों में खो गये होंगे
जब अपने पिता से अपनी माँ को पिटते देखा होगा उन्होंने।
नहीं जानता।
मैं नहीं जानता और न जानना चाहता हूँ

मैं कुछ न कर सका उस औरत के लिए...
मेरा कोई हाथ आगे नहीं बढ़ा... उस औरत पर
उठने वाले हाथ को रोक देने के लिए...
दुनियावी सोच कि कौन पड़े किसी पचड़े में, मेरी सोच पर हावी रही
उस समय... बीच-बचाव में उतरने की 'रिस्क' नहीं ले पाया मैं
जबकि यहाँ उसी किस्से को आपको सुना रहा हूँ
क्या यह मेरा स्वाँग नहीं है?

6.

उसकी नीयत को पहली ही मुलाकात में ताड़ लिया था मैंने।
उसी पहली मुलाकात में मैं समझ गया था, इतनी मीठी
बातें जो वह कर रहा है, कल मुझे कर्ज़दार और
उम्र से पहले बूढ़ा कर देगी और महज़ तीस की उम्र में
ख़ुद को ऐसा महसूस भी करने लगा हूँ।

मेरे देखते-ही-देखते वह मेरे सारे दोस्तों
और रिश्तेदारों के घरों में दाख़िल हो गया और
मेरे लाख सन्देहों के बावजूद
वह रोज़ मेरे किसी परिचित को फाँसता रहा। और मैं तर्कहीन
सिवाय उस पर सन्देह के कुछ भी न कर सका।

दरअसल वह जिससे मिलता है उसे तर्कहीन बना देता है,
यह उसकी अपनी 'मार्केटिंग पॉलिसी' है।

7.

डरने लगा हूँ इन दिनों
उससे जिसे देखा नहीं है
सिर्फ़ सूँघा है उसकी आहट को
उसके बढ़ते दख़ल को, अनचाही जगहों पर
महसूसा है उसकी उपस्थिति को

मैं ईश्वर या किसी प्रेत की बात नहीं कर रहा
ये तो विलोम होकर भी मुझे एक-दूसरे के पर्याय ही लगे हैं

मैं तो इन आधुनिक ईश्वरों और प्रेतों से डरने लगा हूँ
जो मेरे छोटे-छोटे बच्चों को ललचाते हैं
मेरी सीधी-सादी पत्नी को बरगलाते हैं
मेरी जवान होती बहन को बहकाते हैं
मेरी माँ को इस उम्र में जीने का तौर-तरीक़ा बतलाते हैं
मेरे पिता को घुटनों में दर्द से लेकर
सैक्स पॉवर बढ़ाने का नुस्खा समझाते हैं
और तो और
मुझ काले को गोरा और
सुन्दर बना देने का दावा करते हैं

डरने लगा हूँ इन दिनों
इन आधुनिक ईश्वरों और प्रेतों से
और इनकी अतृप्त मंशाओं से।

8.

जैसा हूँ वैसा ही हूँ मैं या
जो नहीं हूँ वह होने की कोशिश करता हूँ

मैंने कभी सोचा था, किसी हत्यारे के पक्ष में कुछ कहूँगा
या किसी की हत्या देख तालियाँ ठोकूँगा ज़ोर-ज़ोर से ?

मैंने कभी सोचा था, किसी युद्ध का समर्थन करूँगा या
शामिल होऊँगा! करूँगा हत्याएँ ? अपने हाथों से मारूँगा
अपने ही जैसे लोगों को।

मगर यह सब मैंने किया और बेहिचक किया
और तो और, अपने किये को
ज़ाहिर भी कर रहा हूँ सार्वजनिक

क्या हूँ मैं ?
कैसा हूँ ?
वैसा ही जैसा दीखता हूँ आईने में या
कोई और भी रूप है मेरा
आईने से बाहर ?

या कोई स्वाँग रच रहा हूँ
जो नहीं हूँ वह होने का
या जो हूँ वह नहीं होने का ?

इच्छा

1.

बेशरम की तरह कहीं भी
उग आती हैं इच्छाएँ
कहीं भी फैलाकर अपनी टाँगें
हो जाती हैं खड़ी

छोटी–बड़ी नयी–पुरानी
काली–गोरी महँगी–सस्ती
गुप्त–अगुप्त इच्छाएँ
ढंग की इच्छाएँ
बेढंगी इच्छाएँ
इच्छाओं की इच्छाएँ
इच्छाओं पर इच्छाएँ
इच्छाओं के सहवास से जनमी इच्छाएँ

अनिच्छा में भी तो शामिल होती है इच्छा ही

इच्छाओं का तो चरित्र ही कुछ ऐसा है मित्र
कभी कहीं
राक्षसकाय निर्माणों की आधारशिलाएँ बनी हैं
तो कभी कहीं
हिरोशिमा–इराक–अफ़गानिस्तान में भी तब्दील हुई हैं।

इच्छाओं के ही ताजमहल हैं
इच्छाओं के ही पिरामिड हैं

इच्छाओं के ही बाज़ार हैं
इच्छाओं के ही धर्म भी और देवता भी

इच्छाएँ ही आदमी को
सड़क पर ठीक से चलने की तमीज़ और
किसी पक्ष विशेष में खड़े होने का तार्किक हुनर देती हैं

इतिहास में दर्ज हर सच और झूठ के पीछे भी
कहीं-न-कहीं इच्छाएँ ही होती हैं शामिल

इच्छाएँ ही होती हैं महाभारत जैसे युद्धों में परिणत
और फिर शान्ति पर्वों के प्रतिस्थापन में भी

सच तो यह भी है कि
इच्छाएँ ही हमें जिलाए भी रखती हैं
यानी इच्छाएँ आत्मा का ही प्रतिरूप हैं
यानी हमारी जीवन्तता का पुख़्ता प्रमाण हैं
यानी इच्छाएँ नहीं तो हम नहीं
यानी कुछ नहीं!

2.
हमसे पहले जनमती है
हमारी इच्छा

पेड़ से पहले जनमती है
पेड़ की इच्छा

पृथ्वी से पहले
पृथ्वी की इच्छा

और
ईश्वर से पहले जनमती है
ईश्वर की इच्छा।

लोहा और सोना

आदमी
कितना भी भाग ले
सोने के पीछे

अन्तत:
लोहा ही बचाता है
आदमी का सोना।

अनचाहा उपवास

आज फिर
उसके हिस्से
कुछ आया नहीं
हँडिया में बचा-खुचा
चिपका हुआ भी नहीं

आज फिर
हो गया उसका
एक और उपवास

ईश्वर जाने
उसे इन अनचाहे उपवासों
का पुण्य फल
मिलेगा भी या नहीं!

बहरहाल
वह ख़ुश है
अपने बच्चों को देखकर
जो सोये हैं इत्मीनान से
कुछ खाकर ही।

एक प्रेमिका का शोकगीत

वह आता मेरे दरवाज़े तक
फिर फिर लौटकर
दस्तक देता/ बजाता 'कॉलबेल'
आती मैं जब तक हो जाता ओझल

ढूँढ़ती बाहर सड़क पर
दूर तक फैली वीरानी में
चटख रंगों की नीरवता में
आकाश की फटी चादर के
ओर-छोर तक
पेड़ों की शाखों पर और
उस पर लटकती
उदास ख़ामोशियों में भी
तलाशती उसे
यहाँ-वहाँ रहस्य की तरह

वह गुज़र जाता
मेरे करीब से भी कई बार
और मैं पहचान भी नहीं पाती।

एक प्रेम कविता

मैंने उम्मीद को
कनेर के फूल की तरह
खिलते और झरते हुए देखा है

मैंने ख़ामोशी को
बीज की तरह धरती में उतरते
और फिर लहलहाते हुए देखा है

मैंने रोशनी को
तिल-तिल की मोहलत माँगते
और अँधेरे के आगे गिड़गिड़ाते हुए देखा है

पहाड़ों को
मन्द-मन्द मुस्कराते और
जंगल को सुहाग-गीत गाते हुए देखा है

मैंने प्रार्थना के पवित्र शब्दों को
प्रेम की एक शाश्वत कविता में
तब्दील होते हुए देखा है।

फिर आना

विदा होते दुःख तुम फिर आना

कि तुम्हारे आने से
घर में एका रहा चार दिन

कि तुम्हारे आने से
बनी रही चहल-पहल थोड़ी

कि तुम्हारे आने से
अपनत्व का अहसास हुआ

कि तुम्हारे आने से
अन्ततः तो मिला सुख ही

विदा होते दुःख तुम फिर आना
कि बाकी है अभी यहाँ
दुःख बाँटने की परम्परा।

अकेला नहीं हूँ मैं

वह इतना कमज़ोर है कि न कहीं अकेले जा पाता है
न कहीं से अकेले वापिस आ पाता है
निहत्था तो वह अपने घर में भी नहीं होता
सुरक्षा की पूरी तसल्ली किये बिना
कभी नहीं और कहीं नहीं सोता

वह इतना क़मज़ोर है कि
अपनी सुरक्षा के लिए उसने
पेशेवर हत्यारों को कर रखा है तैनात
हत्यारे
क्रूर हत्यारे
अत्याधुनिक हथियारों से लैस हत्यारे
जो हर समय उसे ताक़तवर होने का भ्रम देते हैं
और अपने इसी भ्रम में वह
देता रहता है चुनौतियाँ मुझे और मुझ सरीखों को

ओ मेरे कमज़ोर दुश्मन, सुन ले!
और उसके पेशेवर हत्यारे भी, जान ले!
भले ही हथियार उठाना नहीं जानते मेरे हाथ
लेकिन अकेला नहीं हूँ मैं
अपनी लड़ाई में!

आस्था

जैसे बीज की
आस्था होती है
धरती में

जैसे बूँद की
आस्था होती है
समुद्र में

जैसे किसी पाखी की
आस्था होती है
आकाश में

तुम मेरी आस्था की धरती
समुद्र और आकाश हो !

प्रतिसंसार

एक मौन है ठेठ भदेसी
अन्तहीन लकीरों में लिपटा
एक कुंठा की छाप है
शैवाल की तरह फैलती हुई
                    बढ़ती हुई
एक लुटी हुई तरलता है
    खाली और सपाट चेहरों पर
    आत्मदया की हद तक बिखरी हुई
    लम्पट और विद्रूप रिवाज़ों में
    व्यवस्था के कूटार्थों में
    नकाबपोश दु:खों के बोझ तले दबी
एक अ–चेहरा आदमी है
    अन्तिम छोर पर खड़ा
    अपनी अनन्तिम पीड़ा का हथौड़ा लिये
एक ब–चेहरा आदमी है
    लगभग बौखलाया हुआ
    बदहवासी में इधर–उधर भागता हुआ
कुछ बिखरी हुई उम्मीदें हैं
कुछ टूटे हुए भरोसे हैं
कुछ कमज़ोर आश्वस्तियाँ भी हैं समय की

और भी बहुत कुछ है
    लकीरों के इस तरफ
    लकीरों के उस तरफ

लकीरों में सलीके से गुत्थमगुत्था
रचते हुए
एक प्रतिसंसार।

विसंगति

यह भी कि
हथियार न हों हाथों में
तो कोई देवता नहीं होता

और यह भी कि
हथियार उठाया हर हाथ
देवता नहीं होता।

दुःख कभी खाली हाथ नहीं आता

हृदय भर
  भावुकता
साँस भर
  विकलता
आँख भर
  तरलता
मुट्ठी भर
  भरोसा
घर भर
  तनाव
शहर भर
  अँधेरा
और
दुनियाभर की
सन्तप्तता साथ लाता है
दुःख कभी
खाली हाथ नहीं आता है।

बिके हुए खेत की मेड़ पर बैठे एक किसान का शोकगीत

कि सब बातें तय हो गयीं
कि सौदा-चिट्ठी हो गयी
कि खेत नहीं, यह मौके की ज़मीन थी

कि मैंने तो लगाया था कपास खरीफ में,
कि मैंने रबी में बोया था गेहूँ
कि लहलहाती फ़सलें नहीं, कौन दबा धन दिखा?

कि आख़िरश मैं टूट गया किसी तरह
कि धन से लकदक रहूँगा कुछ महीने-साल
कि न लौटकर आ पाऊँगा कभी इस तरफ भी

कि न हल, न बक्खर, न छकड़ा होगा
कि भाई जैसे बैल भी अब बिक जाएँगे
कि मेरे घर भी अनाज आएगा अब बाज़ार से

कि खेत अब तब्दील हो जाएगा कंकरीट में
कि क्या कभी भूल पाऊँगा इस मिट्टी की गन्ध
कि मेरे पूर्वजों का पसीना है इसमें घुला-मिला।

तुम्हारा न लौटना

कहीं ऐसा तो नहीं
लौटने से पहले
न लौट पाने का कोई भय
आ घेरता हो!

कहीं ऐसा तो नहीं
रोशनियों के लालच में
इतनी दूर निकल गया हो
कि लौटने का कोई विकल्प न बचा हो!

कहीं ऐसा तो नहीं
उस जगह में हो कुछ
मसलन कोई बाहरी बाधा या
हवा-पानी का कोई चक्कर!

तुम्हारा न लौटना
मन में उपजाता रहा है
दस तरह की शंकाएँ-कुशंकाएँ
कहीं ऐसा तो नहीं!
कहीं वैसा तो नहीं!

आभास

तुम्हारे आने से पहले हो जाता है
मुझे तुम्हारे आने का आभास

दहकती देह पर कोई ठंडे जल के
छींटे मारे ज्यों, तड़कती है त्यों
मेरी आत्मा की हरेक बूँद
बढ़ जाता है वेग स्पन्दन का
और तीव्र हो जाती है श्वाँस।

समय-असमय की हिचकियाँ
खोल देती हैं बन्द द्वार स्मृतियों के
यकबयक जैसे कोई विरहन
करने लगती हो सोलह श्रृंगार
सुगन्धित हो उठता है निवास

कभी बायीं आँख का फड़कना
कभी छत पर कौवे की काँव-काँव
तमाम तरह के शुभ संकेतों से
जैसे प्रकृति कर रही हो इंगित
जैसे बँध रही हो फिर आस

तुम्हारे आने से पहले हो जाता है
मुझे तुम्हारे आने का आभास।

डर के बारे में :
कुछ डरते-डरते, कुछ बिना डरे

1.

इस डरे हुए समय में
कितना कठिन है यह मान लेना कि
डर-वर जैसा कुछ नहीं होता
तमाम दलीलों और प्रयासों के बावजूद
अपनी मौजूदगी का कोई एहसास
करा ही देता है डर
डर की अदृश्य छिपकली तलाश ही लेती है
अँधेरे कोनों-खोंपचों/ तहों/ तलघरों में
अपने लिए कोई जगह
इसीलिए थोड़ा डरते हुए
डर के बारे में पहली और ज़रूरी बात कि
सिर्फ़ पौराणिक से लेकर आधुनिक प्रेत ही
पैदा नहीं किये डर ने
अपनी-अपनी ज़रूरतों
और सुविधाओं के ईश्वर भी जनमे हैं
ईश्वर का भी जन्मदाता है डर

2.

डर के बारे में बिना लाग-लपेट
अगली बात यह कि
डर होता है
हर आदमी में डर होता है

एक आदमी के पास हो सकते
एक से ज़्यादा डर भी
इसीलिए कोई डर के रहता है
तो कोई डर-डर के
और जो दीखता निडर
दरअसल अपना डर छिपाकर रखता है

बड़ों के डर होते बड़ों जैसे
तो छोटों के छोटों जैसे
यानी अफसर के अफसर जैसे
चपरासी के चपरासी जैसे
और नेता के डर नेता जैसे

अधबीच एक सच यह भी कि
अचेहरा भी होता है डर
कभी जनमता अकेलेपन से
तो कभी उपजता भीड़ से भी

मन की गति से दौड़ता है यह
समय के घोड़े पर सवार
हर जगह हर काल में उपस्थित होता है डर
किसी-न-किसी रूप में/प्रतिरूप में
धरती पर/ आकाश में
हवा में/ पानी में/ आग में
घर में/ गली में/ चौराहे पर
शहर में/ गाँव में/ निर्जन में
सुख में/ दुःख में
मौजूद होता है डर
अणुबम की तरह
परमाणुबम की तरह
बाज़ार की तरह

बीमारी की तरह
पूँजी की तरह
प्रभुता की तरह
धर्म और आस्था की तरह
बुश और ब्लेयर की तरह
भूमंडलीकरण और ग्लोबल वार्मिंग की तरह।

3.
यह भी विडम्बना ही है कि
आदमी को जंगल से डर लगता है
जंगल को आदमी से

आदमी को उजाड़ से डर लगता है
उजाड़ को आदमी से

आदमी को पहाड़ से डर लगता है
पहाड़ को आदमी से

आदमी को अँधेरे से डर लगता है
अँधेरे को आदमी से

4.
डर के बारे में आख़िरी बात ये कि
इसे ज़रूरत पड़ने पर
हथियार की तरह
किया जा सकता है इस्तेमाल
अफ़सोस यह कि
बुरे लोगों ने पहले जान ली यह बात
और अच्छे लोगों को इसमें
नज़र आता है जोख़िम कुछ ज़्यादा ही।

ईश्वर

तुम्हारे
हर जगह होने का
दावा करते हैं लोग

जबकि
तुम्हारे हर जगह होने की
कल्पना मात्र से
थरथरा जाती है मेरी रूह

क्या-क्या न देखते होगे तुम!
क्या-क्या न सहते होगे तुम!

माँ : कुछ अतिरिक्त पंक्तियाँ

1.

ईश्वर के बारे में
लिखे जा सकते हैं
कुछ पवित्र शब्द

माँ के लिए लिखा
हर शब्द
होता है पवित्र

2.

हर माँ के लिए उसका बेटा
किसी राजकुमार से
कम नहीं होता

और किसी बेटे के लिए
माँ कभी असुन्दर नहीं होती

3.

माँ पर लिखते-लिखते
आ गया जिह्वा पर
एक परिचित स्वाद
खट्टा-मीठा अचार और
ज़ायकेदार अरहर की दाल

लेते-लेते झपकियाँ
याद आ रही हैं
बचपन में
नींद न आने पर
माथे पर
माँ की हल्की-हल्की थपकियाँ

4.
माँ
अगर एक शब्द है
तो इसी शब्द से
जनमी है भाषा

और यदि एक भाषा है
तो इसी भाषा से जनमे हैं शब्द।

क्या कभी सोचा गया ?

रात के पास अरबों-खरबों तारे हैं
जिनमें से कुछ टिमटिमाना भूल गये हैं

क्यों भूल गये हैं ये टिमटिमाना ?
कहाँ खो गयी है इनकी टिमटिमाहट ?
कौन उत्तरदायी है इसके लिए ?
क्या कभी सोचा गया ?

आकाश के ये तारे जो
भूल गये हैं टिमटिमाना मगर
भूले से न भटके अपनी राह कभी
मुँह फाड़े एकटक देखते रहते हैं
अनिश्चय के अन्धकार को
इन तारों की हँसी-ख़ुशी का जल
इनके अतल में या अतल से भी नीचे कहीं
मौजूद हो सकता है अब भी
क्या कभी सोचा गया ?

क्या आप नहीं जानते कि
हमारी पृथ्वी भी
ऐसा ही एक तारा है
जो टिमटिमाना भूल गया है ?

क्यों भूल गया है ?
क्या कभी सोचा गया ?

वह

1.

वह जब बोलता है
तो लगता है
बारिश होने वाली है

वह जब बोलता है
तो लगता है
दिन फिरने वाले हैं

वह जब बोलता है
तो लगता है
हमारे बीच से ही उठा है वह

लेकिन
वह सिर्फ़ बोलता है
न बारिश होती है
न दिन फिरते हैं
न बन पाता है अपना

वह बोलता है
सिर्फ़ बोलता है।

2.

शायद आपको विश्वास न हो
परन्तु वो ख़ुद भी नहीं जानता

कि
उसके कितने हाथों में
कितने हथियार हैं

कि उसके कितने पैरों में
कितने जूते हैं

कि उसके कितने मुँहों में
कितनी ज़ुबानें हैं

और
अपने कितने सरों की
अब तक वह चढ़ा चुका है बलि।

स्मृतियों से

1.

जैसे उम्र के किसी दूसरे छोर पर
हो रही हो कोई खट्-खट्

जैसे नींद में दाख़िल हो रही हो
किसी देह की परिचित गन्ध

जैसे उम्मीद से देखती आँखों में
मोम-सा पिघलता हुआ हो कुछ

जैसे फिर-फिर सँवरने का
मन ढूँढ़ रहा हो कोई बहाना

जैसे ख़ूब एहतियात के बावजूद
कुछ छूट ही जाने का लगा हो डर

इतने संशयों के साथ
स्मृतियों से
सजा रखा है मैंने अपना घर
तुम आओ तो कभी देखना!

2.

ज़िन्दगी की गलीज़ आपाधापी से ऊबकर
जब भी मैं स्मृतियों में बहुत पीछे निकल जाता हूँ, इतना पीछे कि

बदन पर ज़्यादा कपड़े मुझे बफारे और बदबू से भर देते हैं और
भूख लगने पर माँ की शिद्दत से याद आती है। मैं दौड़कर
सीधे रसोई में पहुँच जाता हूँ और माँ को वहाँ न पाकर
वहीं से चीखता-चिल्लाता हूँ। माँ 'गवाण' में गाय-भैसों को
सानी-पानी करती जवाब में तंग आकर झल्लाते हुए
न जाने क्या-क्या बड़बड़ाती है!
ज़रूरत से ज़्यादा वक़्त खेलने में ज़ाया करने पर पिता
लगभग रोज़ मुझे हड़काते हैं। कभी मारने के लिए हाथ उठाते या
आँखें दिखाते हैं तो मैं दादी की गोद में जाकर छिप जाता हूँ।
'डोलार' पर बैठे दादा यह देख मन ही मन मुस्काते हैं।

ज़िन्दगी की गलीज़ आपाधापी से ऊबकर जब भी
मैं स्मृतियों में बहुत पीछे जाता हूँ,
अपनी उदासी छोड़ आता हूँ।

3.
जब कोई दिनों बाद मिलता और कहता
मैं उसकी स्मृतियों में रहा तो मुझे
हैरानी होती यह जानकर कि
दाख़िल रहा मैं किसी की स्मृति में
और मुझे ख़बर तक नहीं थी

फिर यकबयक ख़्यालों में आते
कुछ जाने-पहचाने चेहरे
कुछ अधूरे-से नाम
कुछ छूटी हुई जगहें और कुछ गँवई हँसियाँ... ।

4.
स्मृतियों का भी
एक बोझ होता है

देखना,
एक उम्र बाद
कमर झुकने-झुकने को होगी।

5.
जो बचा है
स्मृतियों में है बस

स्मृतियाँ भी न बचीं
तो क्या बचूँगा मैं ?

6.
कुछ चीज़ों या लोगों को भूलना बहुत मुश्किल होता है। दरअसल भुला दिये जाने की ज़िद ही उन्हें स्मृति में बनाए रखती है। ऐसे लोगों से मुझे हमेशा ख़ौफ़ लगता है और उनकी स्मृतियों से भी, जो एक बार स्मृति में आकर फिर कहीं नहीं जाते। कभी नहीं जाते। अपनी जगह घेर कर बैठ जाते हैं।
इन दिनों मैं ऐसी ही स्मृतियों की बढ़ती तादाद से ख़ौफ़ज़दा हूँ। स्मृतियाँ इतनी तादाद में हैं कि सिर्फ़ मस्तिष्क ही नहीं, मेरे पूरे घर में पसर गयी हैं और पसर रही हैं। घर, घर नहीं, स्मृतियों का बीहड़ लगने लगा है। कहीं पैर धरने तक की जगह नहीं बची है। सच कहूँ तो घर में घुसने से डरने लगा था पिछले दिनों। फिर धीरे-धीरे हौसला किया और स्मृतियों के बीहड़ में मन मार के रहने लगा। अब तो आलम यह है कि स्मृतियों पर पैर धरकर लगभग बेरहमी से उन्हें कुचलते हुए पूरे घर में चलता फिरता हूँ। स्मृतियों पर ही बैठ जाता हूँ। स्मृतियों के ऊपर ही सो जाता हूँ। स्मृतियों के बीच रहने का इतना आदि हो चुका हूँ कि स्मृतियों के बग़ैर ज़िन्दा रहने की महज़ कल्पना से डरने लगा हूँ अब।

कुछ प्रेम कविताएँ

1.

ताज़े पानी की बात ही कुछ और है
पिघले मोती-सी लगती है हर बूँद
चेहरा देखना कभी ताज़े पानी में
उम्र से भी कम नज़र आओगे
लगेगा जैसे
कोई दूसरा ही आर्द्र चेहरा
झाँक रहा है शीशे-से पानी में

जाने कहाँ-कहाँ के
किस्सों-से भरी होती है ताज़ी हवा
कभी चिड़िया
कभी धूप
कभी बादल
कभी खेत
कभी ईश्वर
और कभी ख़ामोशी की बातें करती है
लगभग तर्कहीन-असंगत-असम्बद्ध

ताज़ी ख़बर का अपना ही मज़ा है
ताज़ी-ताज़ी रोटियाँ
कुछ ज़्यादा ही खा जाते हैं हम
किसे नहीं भाती
ताज़े फूलों की महक
और ताज़ी धूप का गुनगुना स्पर्श!

सच ही तो है,
ताज़ा पानी
ताज़ी हवा
ताज़ी ख़बर
ताज़े फूल
ताज़ी धूप
और ताज़ी रोटियों-सा ही तो स्वाद देता है
ताज़ा प्रेम भी।

2.

प्रेम में पड़ी लड़की
ठीक से अपनी रोटियाँ भी नहीं बेल पाती है
अक्सर भूल जाती है
दाल में नमक
चाय में चीनी
मिलते ही एकान्त/ ताकने लगती है शून्य
जैसे उपस्थित हो वहीं रोशनी का कोई समन्दर
जिसमें डूबकर/ पारकर ही मिल सकती है
अपनी धरती/ अपना आकाश।

3.

प्रेम में पड़ी लड़की
अपने में निर्लिप्त
बतिया रही है देर से मोबाइल पर
बस स्टॉप की असुविधा को ठेंगा दिखाते हुए
रास्ता उसे घूर रहा है
गोया वह घूरे पर खड़ी हो!
हवा में बेपरवाही से लहरा रहा है उसका दुपट्टा
किसी अजान विजय पताका की तरह
और उसकी महक
अफीम के टोटे की तरह फैल रही है

प्रेम में पड़ी लड़की नहीं जानती
उसकी अतिरिक्त सतर्कता
लापरवाही में कब हो जाती है तब्दील
दुनिया अनुभवी है
ताड़ लेती है
अगल-बगल के बन्द दरवाज़ों वाले घरों में खिड़कियाँ हैं
दरवाज़ों से बड़ी खिड़कियाँ हैं
लड़की भूल गयी थी
क्या-क्या याद रखे प्रेम में पड़ी लड़की!

4.

आड़ी-तिरछी, दुबली-पतली
किधर से किधर को जाती
ओर-छोर तक फैली गलियों में
जहाँ आँधियाँ भी फँसकर दम तोड़ देती हैं
और धूप भी रह जाती है अक्सर उलझकर
दम घुटने से हो जाती है निष्प्राण!
हड़बड़ाकर जल्दी-जल्दी अपना बोरिया-बिस्तर बाँधकर
अँधेरा भी भागने की जुगत में रहता है किसी तरह

ऐसी ही तंग गलियों में
इलाक़ों में
जब देखता हूँ प्रेम को अपने पाँव पसारते हुए
सच,
एक सुखद अचरज से
भर जाता है अन्तर का रिक्त
इस भरोसे और आश्वस्ति के साथ
कि आज नहीं तो कल दुनिया भर में
एक ही भाषा बोली जाएगी
एक ही भाषा समझी जाएगी
एक ही भाषा में लिखा जाएगा
आदमी का इतिहास।

वापसी

अरसे बाद
वह सोया भरोसे की नींद
जागा अपनों के बीच

अरसे बाद
चार के बीच बैठ गपियाया कुछ देर
और सेंके अलाव में हाथ

अरसे बाद
चखा कच्चे अमरूद का स्वाद
और उस पर चिपकी मिट्टी का भी

अरसे बाद
लौटी उसके चेहरे पर
उसकी मौलिक खिलन्दड़ हँसी।

बिचौलिये

अधिकांश लोग नहीं जानते
कि बिचौलिये
जब राहत बाँटते हैं
चाँदी काटते हैं
सन्धि–पत्र जब हस्तान्तरित किए जाते हैं
उनकी हथेलियाँ गर्म होती हैं
संवेदना से उनका
दूर–दूर तक कोई नाता नहीं होता
परन्तु इस विषय पर बोल सकते हैं वे
घंटों... सतत...

अधिकांश लोग नहीं जानते
कि बुद्धू बक्सा जो ख़बरें सुना रहा है
उनमें भी बिचौलियों का हाथ हो सकता है।

बाज़ार में बाक़ायदा तय दरों पर मिल जाते हैं बिचौलिये
या वे ख़ुद ही जगह बना लेते हैं
आपके और बाज़ार के बीच
एक बड़ा परिवर्तन आया है इधर भी
अब आप इन्हें नहीं पहचान सकते
इनके पहरावे से या भाषा से।

क्या तुम विश्वास करोगे

बिचौलिये ही बारिश लाते हैं
फिर जाड़े का मौसम
और फिर चिलचिलाती धूप ?

बिचौलिये हर जगह, हर देश में मिल जाएँगे तुम्हें
सिफ़ारिशी ख़त और बन्द लिफ़ाफ़े के साथ...।

फिर भी...

ज़रूरी नहीं
जो रामचन्दर की बेटी के साथ हुआ
मेरी बेटी के साथ भी हो
फिर भी...

अन्दर की पूरी कड़वाहट को घोलकर
एक बड़े से थूक के गोले में बदलकर
मैं जोर से उस दिशा में उछाल देता हूँ
जिधर से अभी-अभी यह बुरी ख़बर आयी है

ख़बर जिसमें केरोसीन है
आग है
चीख़ है
चीत्कार है
झुलसा हुआ एक चेहरा
झुके हुए कुछ सर
और झुँझलाई हुई कुछ आत्माएँ हैं

मेरे अन्दर एक ताज़ी चिता की गन्ध धँसने लगी
जिसने मेरी नस-नस को फुला दिया
चिता के धुएँ के उस पार
मुझे चेहरे विकृत होते लगे
विद्रूपता की हद तक
यह धुआँ था

जो इस विकृति को जन्म दे रहा था
हाँ, धुआँ ही होगा
विकृतियों का जन्मदाता

मैंने देखा
प्रार्थना के कुछ शब्द हवा में उठे
और ऊपर-ही-ऊपर उठते चले गये
बादलों के भी पार
ईश्वर!
यह विषपायी समय
और कितना लम्बा खिंचेगा
कोई पराकाष्ठा तो होगी
कुछ मर्यादा तो होगी
शाम को घर लौटता हूँ
कड़वाहट और उद्वेलन से भरा
सन्तप्त और निराश मन
फिर एक भरोसा जनमता है
अपनी बेटी का खिलखिलाता चेहरा देखकर
जो गरमागरम चाय का प्याला लिये खड़ी है सामने
चाय की महक मेरी साँसों में धँसी
चिता की गन्ध को मार देती है
पाता हूँ बेटी के चेहरे पर आश्वस्ति है
पिता के घर होने की
अपने घर होने की

इसी आश्वस्ति और विश्वास से भर सोचता हूँ
ज़रूरी नहीं
जो रामचन्दर की बेटी के साथ हुआ
मेरी बेटी के साथ भी हो
फिर भी...।

स्मृति–गन्ध

वे कुछ कच्ची–पक्की स्मृतियाँ हैं
जिन्हें साथ लेकर चला आया था
और घर के सबसे जटिल कोने में
जगह देखकर टाँग दिया था खूँटी पर
एक अनाकर्षक थैली में बाँधकर
फिर भी जब–तब नज़र पड़ ही जाती
खूँटी पर टँगी उस थैली पर
एक हल्की परिचित गन्ध भी
अक्सर आती उस थैली से और
उस गन्ध के मोहपाश में बँध
तैरने लगता मैं
बचपन के दुधिया तलाव में
खपरैली स्कूल की
दरकी हुई दीवारों पर
सधे हुए हाथों से
उकेरी गयी लकीरों की
अनबुझ पहेलियाँ बूझता
और इमली के पत्तों की
लूण–मिरच चटनी चटखारते हुए
देखता ख़ुद को तो
यकबयक हँसी आ जाती एकान्त में भी
झेंपकर देखता इधर–उधर
इस तसल्ली के साथ कि
किसी ने देखा तो नहीं

फिर इत्मीनान से खोलकर बैठ जाता
खूँटी पर टँगी उस थैली को
जो धूल खा रही थी
पिछले कई दिनों से।

अफ़वाहों के बीच

अफ़वाहों में है एक पोटली
पोटली में हैं कुछ अफ़वाहें

जाने कौन था वह
जाने कहाँ से आया था
रास्ता भटक गया था
या रास्ते में ही पड़ती है यह जगह
या बहुत भटकाव भरा है यह रास्ता।

रेल दौड़ रही है पटरी पर
अपनी धुन में/अपनी लय में।

क्यों छोड़ गया/भूल गया अपनी पोटली
क्या होगा पोटली में?
रास्ते के लिए दाना-पानी
या कपड़े-लत्ते भर होंगे!
कहीं बम-बारूद-आरडीएक्स तो नहीं!

सौ तरह के सवाल!
सौ तरह की बातें!
यात्रियों में हड़कम्प!
जयपुर, बैंगलोर, सूरत, मुम्बई
शहर-दर-शहर
चेहरा-दर-चेहरा नज़र आने लगे।

अफ़वाहों में है पोटली
पोटली में हैं कुछ अफ़वाहें।

रेल की लय टूट रही है
(किसी ने खींच दी है ज़ंजीर।)

वे जिन्होंने देखा उस पोटली वाले को
कर रहे हैं उसके चेहरे–मोहरे का बयान
दे रहे हैं उसके हाव–भाव का ब्यौरा तफ़सील में

—'दाढ़ी बढ़ी हुई थी उसकी
मैला–कुचैला वह नहाया भी क्या होगा
पिछले कई दिनों से!'

—'पहले तो वह हमारे पास ही बैठा था।
ढीठ था। मुश्किल से उठकर दूसरी जगह गया
दुत्कारने पर।'

—'कुर्ता–पाजामा पहना था। उसकी आँखें देखीं?
कैसी सुर्ख थीं!'

—'अरे चेहरे पर किसी के मत जाओ भैया!
आजकल ये लोग ऐसे ही रूप धर कर आ रहे हैं।'

—'सच भाई, किसी के माथे पर
थोड़े ही लिखा होता है कि...'

रेल रुक चुकी है।

अब पोटली में बम होने की खबर है
अफ़वाहों पर यक़ीन करें तो पक्की ख़बर

अफ़वाहों में है पोटली
पोटली में हैं कुछ अफ़वाहें।

डिब्बा क्या
पूरी रेल खाली हो चुकी है
स्पेशल स्क्वाड भी आ चुका है
एक पुलिसिया कुत्ते ने खाली डिब्बे में छलाँग लगायी
पोटली को सूँघा
फिर भौंका डिब्बे के अन्दर से ही
एक भरोसे से भरपूर भौंक
जिसने कुछ राहत भी दी
मौजूद सुरक्षा कर्मियों को

अब सावधानीपूर्वक पोटली को डिब्बे से
बाहर निकाला जा रहा है।
पोटली अब सुरक्षा घेरे में है।

हवा में कोई सरसराहट नहीं
किसी पत्ती तक की कोई आहट नहीं

बम निरोधक दस्ता अब खोल रहा है पोटली
शेष दूर ही खड़े रहे
लोग अवाक्
कुछ प्रार्थना में झुके
कुछ स्तब्ध
कुछ क्रोधित
कुछ भयभीत
नज़रें गड़ाये हुए दृश्य पर।

पोटली खुल चुकी है
एक बेहद सस्ती साड़ी के साथ लिपटे

किसी नवजात बच्चे के कपड़े
उस खुली हुई पोटली से निकल
वहीं खुले में बिलख रहे हैं।
ज्वार की सूखी रोटी के आधे-दुधे टुकड़े
और उन पर चिपकी
पिसी लाल-मिर्च की चटनी की हल्की ढाँस
पोटली से उड़कर
हर आँख में जैसे दाख़िल होने की कोशिश कर रही है

पोटली खोलने वाले अफसर के चेहरे पर
पहले आया अचरज
फिर आयी खिसियाहट
किसी ने मज़ाक़ किया या भूल गया पोटली!
किसी ने पोटली छिपानी चाही होगी
वह उतनी ही उजागर हुई
अब वह एक पोटली नहीं
भूली हुई भूख है, आहत शर्म है
कुछ देर पहले पोटली वाले को खोज रही सतर्क पुलिस आँखें
अब लापरवाह और खिन्न है
थोड़ी हँसी और थोड़ी खीझ भी है उनके चेहरे पर
पोटली उठाकर बन्दूक की नोक पर सिपाही उसे टाँगता है
देखता है कुछ देर आसपास फिर उछाल देता है
पटरियों के पार कूड़े के ढेर पर
फिर अपने कुत्ते को थपथपाता है।

हवा में फिर शुरू हो गयी है सरसराहट
रेल की सीटी गूँज रही है।

क्रमण

और गाँवों की तरह अँधेरे-उजाले के बीच झूलता
कभी यहाँ भी था एक गाँव हँसता-खेलता
अपनी ही उधेड़बुन में
अपनी ही खोह में जागता-सोता

देखते-ही-देखते तब्दील हो गया
गिलहरी की तरह दौड़ते-भागते शहर के हिस्से में

अब यह शहरी रौ में चलता है
शहरी भाषा बोलता है
रोता नहीं है सिसकियाँ भरता है
हँसता नहीं है अट्टहास करता है

चौपालें नहीं
भीड़ भरे चौराहे हैं यहाँ
'धेले की फ़ुरसत नहीं' का नाटक करते लोग
रुकते हैं जिन पर कुछ पल
और सिग्नल 'हरा' होते ही गियर लगा देते हैं।

अब यहाँ गाँव जैसा बचा भी क्या है ?
महज़ कुछ अवशेष
और वे भी लुप्त होने की कगार पर
किस्सों की शक्ल में बुढ़ाती स्मृतियों में।

आधे से ज़्यादा 'अच्छे भाव' बिक गया
और बचा-खुचा 'कन्वर्ट' हो गया
आधुनिक आकांक्षा और आशंका के साथ।

मुक्तिबोध

उसे लगता था ज़िन्दगी पहाड़ है
शायद इसीलिए उसने पहाड़ी रास्तों से
दुर्गम और दुरूह भाषा शब्दों को चुना
और एक नये रास्ते पर बढ़ता चला गया।

अपनी बीड़ी के हर कश और गहराते धुएँ में
वह कभी अपनी ही परछाईं से डर जाता था
तो कभी अपना ही आगत या विगत देखता था
बार-बार बदलता रहा पेशा
कभी शहर रास नहीं आता तो कभी काम
अनिश्चय के अन्धकार में तलाशता रहा सही मार्ग
फिर तय किया 'जो भी मिले वही श्रेयस्कर है,
बस माहवार ठीक-ठाक हो'
नहीं बन पाया वह 'व्यक्तित्व का ग़ुलाम'
रचता रहा वह बीमार-चरित्र
उसने सभ्यता-संकट के आतंक का चेहरा
प्रत्येक हिन्दुस्तानी के चेहरे पर चस्पा पाया।

उसने महसूस कर लिया था
युग के घटते हुए कद को
परख लिया था अपने समय को
महज़ कोरी कल्पनाएँ नहीं थीं उसकी चिन्ताएँ
भविष्य के प्रति एक कवि की जवाबदेही थी
और वह यह ख़ूब समझता था

तभी तो उसे लगा 'चाँद का मुँह टेढ़ा है'
उसके लिए कविता अकेले आदमी की पीड़ा का प्रलाप नहीं थी
'विकट परिस्थितियों में उत्तमोत्तम मार्ग तलाशने
और किसी अनगढ़ पत्थर को तराशने की कला थी'
वह हमारे लिए अँधेरे के रहस्य खोजता था
और उतरता चला जाता था
किसी अन्धे कुएँ की अतल गहराइयों में
कभी उसका विश्वास डगमगाता था
व्यवस्था तन्त्र पर
तो कभी वह अपनी ही अदम्य जिजीविषा से उसे
बल देने का भरसक यत्न करता था
(जैसे किसी खटारा गाड़ी को धक्का देकर
स्टार्ट करने की रोज़ की माथापच्ची)
कई बार वह मामूली से उजाले में दर्पण देखता
किसी अपरिचित भय के साथ
उसे लगता उसका चेहरा भयावह
और भयावह होता जा रहा है
उसके व्यक्तित्व की बनावट में ख़राबी आ गयी है
उसके विचारों में वह पैनापन नहीं रहा
आन्दोलन कहीं फीका पड़ गया है
और इसी क्रम में वह अपनी कोई भी रचना
पूरी करने से पहले ही शंकाओं में घिर जाता
तरह-तरह की शंकाएँ
और अधूरी रह जाती उसकी इच्छा की कविता
जैसे उसका अपना जीवन...।

आदमख़ोर समय

चलते–चलते अचानक रुकता हूँ और सोचता हूँ
कहीं कुछ पीछे छूट तो नहीं रहा
अपने ही अन्तर की जामातलाशी के बाद
एक फीकी–सी मुस्कान के साथ आगे बढ़ जाता हूँ
ऐसा अक्सर होने लगा है मेरे साथ
मेरा एक हाथ दूसरे का साथ नहीं देता है
दिन–ब–दिन बिगड़ता जा रहा है मुँह का स्वाद
अपने आसपास मौजूद चेहरों को अक्सर
पढ़ने में नाकामयाब पाता हूँ ख़ुद को
हँसता हूँ तो लगता है यह मेरी मौलिक हँसी नहीं है
रोता हूँ तो आँसुओं से खारापन ग़ायब मालूम होता है

रोते हुए लोगों के
पीठ पीछे
सुनाई पड़ते हैं मुझे भद्दे ठहाके इतने अश्लील कि
सोचकर भी जिन्हें आती है घिन
उठाकर जिसे सुबह कचरा पेटी में डाल आता हूँ
शाम को वही चमकदार पैकिंग में फिर दाख़िल हो जाता है घर में

उफ़्!
ये गलाघोंटू बदबूदार हवाएँ
जिस ओर से आ रही हैं
उधर खुल्ले साँड़ की तरह घूम रहा है
लगभग आदमख़ोर हो चुका समय
रात गहरा रही है

सँभल-सँभलकर पाँव धर रही है
शुभ्र-धवल-चाँदनी
दूर कहीं बज रहा है गजर
लैम्प-पोस्ट सुना रहे हैं चटखारेदार किस्से

दिन-ब-दिन ख़तरनाक होते जा रहे हैं दिन
रात-ब-रात अश्लील होती जा रही है रात
यह मेरे समय का सबसे कड़वा सच है।

अक्सर ऐसा होने लगा है मेरे साथ
अपने आसपास की ख़बरें भी मुझे
अख़बारों से पता चलने लगी हैं
कई बार टटोलता हूँ ख़ुद को तो
खाली पाता हूँ ओने-कोने तक से
ऐसे में टहलने निकल जाता हूँ
और कुछ ज़्यादा ही दूर निकल जाता हूँ
जब पाँव जवाब दे जाते हैं
किसी पेड़ की छाँह में सोचता हूँ
एक छोटी-सी झपकी लेने भर की
कि तभी
घरघराता हुआ एक डर
लगभग मुझे छूता हुआ गुज़र जाता है
अपने पीछे अपनी दुर्गन्ध छोड़ते हुए

उफ़्!
ये गलाघोंटू बदबूदार गन्ध!
हाँ! हाँ!
उसी ओर से आ रही है ये बदबूदार गन्ध
जिधर खुल्ले साँड़ की तरह घूम रहा है
लगभग आदमख़ोर हो चुका समय।

तुम्हारी प्रतीक्षा रहेगी

1.

तुम आना
कि हम बची हुई रोशनी के
शोकगीत गाएँगे मिलजुल
कि घटते हुए अँधेरे का उत्सव मनाएँगे

तुम आना
कि हम भले दिनों की स्मृतियों की उड़ाएँगे पतंगें
कि हम उम्मीद की दरिया में तैराएँगे काग़ज़ की नौकाएँ

तुम आना
कि हम कोशिश करेंगे लिखने की
कविता में समय का सच
कि हम बाँचेंगे साथ-साथ
इतिहास में/ इतिहास से छुटे हुए हिज्जे

तुम आना
कि हम तरतीब से जमाकर देखेंगे
फिर अपने घर को एक बार
तुम आना
कि हम इत्मीनान से बैठकर सुनेंगे
एक-दूसरे का हाल

तुम आना
कि तुम्हारी प्रतीक्षा रहेगी।

2.

तुम आना
कि जैसे नींद
चली आती है आँखों में
रात घिरने के साथ-साथ

तुम आना
कि जैसे पाखी
लौट आते हैं दरख़्तों पर
ढलते हुए सूरज के साथ

तुम आना
कि जैसे लौट आती है गमक
थके-हारे जिस्म पर
हथेली में आते ही दिहाड़ी

तुम आना
कि तुम्हारी प्रतीक्षा रहेगी।

1992 : एक दुःखद स्मरण

मुझे याद है अच्छी तरह
उन दिनों आसमान साफ़ नहीं था
ठीक मेरे शहर के इरादों की तरह
सड़क के एक छोर से दूसरे छोर तक
पैर पसारकर सोता था सन्नाटा

मुझे याद है अच्छी तरह
उन दिनों हवाओं में एक तरह की सरगोशी थी
पत्तियाँ तक चुप थीं पेड़ों की
जहाँ तक नज़र जाती
बस ख़ामोशी थी
पानी भी बह रहा था कुन्दा* में बे-आवाज़
काले धुएँ के बादल थे बस
कलमुँही उदासी की चादर में लिपटे हुए
और झुंड में मँडराती हुईं चीलें
शहर के कुछ ख़ास हिस्सों के ऊपर।

मुझे याद है अच्छी तरह
हवाओं में दुर्गन्ध थी
अफ़वाहों की सड़ाँध से भरी
अफ़वाहें इतनी आदमख़ोर
कि खाने बैठे तो

---

* एक नदी का नाम

भीड़-की-भीड़ खा जाए
और निगले तो पूरी-की-पूरी बस्ती।

मुझे याद है अच्छी तरह
उन दिनों कोई बीमारी महामारी घोषित की गयी थी
जिसके नाम पर हो-हल्ला था
हड़कम्प था
उस समय फैल रहे थे
कुछ दबी हुई बीमारियों के विषाणु
(बाद में यही बीमारी भोपाल दिल्ली का रास्ता बनी)
यह वह समय था जब पहली दफा
शहर में किसी से नहीं हुआ था मेरा
राम-राम
वालैकुमअस्सलाम।

न्यूज़ एंकर

सलीके से कटे बालों वाली 'न्यूज़ एंकर' के चेहरे पर
शालीनता कम ख़बर की अस्वाभाविकता का अचरज ज़्यादा है
उसकी आँखें ख़बर के सच की 'अति' से
चमक रही हैं अतिउत्साहित होकर
जैसे चमकते-दमकते नज़र आते हैं बाज़ार इन दिनों

ख़बर में इतना शोर नहीं है शायद
जितना उसने दाख़िल कर दिया है
मामूली को महत्त्वपूर्ण बना देने के
अपने पराक्रम की कुशलता
उसे मन-ही-मन गुदगुदा भी रही है
मगर इस गुदगुदाहट की भनक तक नहीं है
उसके चेहरे पर

वह जानती है
उसे सिर्फ़ ख़बर नहीं सुनाना है
ख़बर का अप्रत्याशित अपने चेहरे पर उगाना है
ख़बर को करना है कुछ यूँ उजागर
गोया इस समय, इस घड़ी की
यही सबसे बड़ी और सबसे महत्त्व की ख़बर है
क्योंकि,
वह जानती है यह 'प्राइम टाइम' है
और उसके हर शब्द और न्यूज के हर 'क्लिप' पर
उछल रहा है टीआरपी का 'इंडेक्स'...।

जो नहीं जानते

वे बस इतना जानते हैं
कि
आग से खेलना
ख़तरे से खाली नहीं
और पानी से खेलना भी

वे नहीं जानते
कि
आग में भी पानी होता है
या कि
पानी में भी आग होती है।

ग़नीमत है कि

ग़नीमत है कि
हमारे सामने ख़त्म नहीं हुए जंगल सारे
और न ख़त्म हुई हैं सतपुड़ा की पहाड़ियाँ

ग़नीमत है कि
हम बहते हुए देख रहे हैं नर्मदा में जल
और धर्मध्वजा-से फहराते हिमशिखर

ग़नीमत है कि
गाहे-बगाहे हम लेटे हैं हरी दूब पर
और खिलते देखे हैं हरसिंगार

ग़नीमत है कि
हमने देखे हैं धरती के परिधान हरे भी
नीले भी, काले भी और लाल भी

ग़नीमत है कि
हमारे ही सामने सारी धरती
तब्दील नहीं हुई है खड़ंजे में।

महज़ बालिश्त भर की दूरी पर है चाँद

पहाड़ों से निथर रही है
दूधिया चाँदनी
और
घने जंगलों से छनकर
आ रही हैं उनींदी हवाएँ

महज़ बालिश्त भर की
दूरी पर है चाँद
और
अतीत में झाँककर समय
देख रहा है अपना यौवन

रात की धमनियों में
दौड़ रहा है निखालिस प्रेम
और
कहीं लिखी जा रही है
कोई मौलिक कविता।

इन दिनों सूरज का दुःख

वह निकला ही था कि
समय काँच की तरह दरका
और बिखर गया रास्ते में

उसे गुस्सा आया
इसलिए नहीं कि
यह कोई अपशकुन था
बल्कि इसलिए कि
इन दिनों
ऐसी बचकानी हरकतें
रोज़ ही करने लगा था समय

उसने घूरा समय को
थोड़े ताप के साथ

समय निगाह बचाकर
देखता रहा इधर-उधर
शर्म से अपनी ही मिट्टी में गड़ता हुआ
बहाने लगा घड़ियाली आँसू

लेकिन सूरज को जाना था
गोया कहीं पहुँचने की हड़बड़ी थी
या कह सकते हैं कोई मजबूरी थी
और पीछे कोई रास्ता नहीं था

दरअस्ल
(सूरज जैसों के लिए)
पीछे कोई रास्ता होता ही नहीं
इसलिए उसने तय किया
आगे जाना
बस्स... किसी तरह आगे जाना
और
समय को
अपने हाल पर छोड़
वह चल दिया
उन्हीं किरचों पर
पैर धरते हुए
लहूलुहान होते हुए...।

कठिन-उम्र किशोरी

उसका हँसना कठिन
रोना कठिन
उसका सोना कठिन
उठना-बैठना-चलना कठिन
किसी से दो बातें करना कठिन
घर-दफ्तर-बाहर कठिन
मर्जी का कुछ पहनना कठिन

कुल मिलाकर
वह
कठिन समय में
कठिनाइयों से घिरी
एक कठिन लड़की है
इससे बढ़कर
वह कुछ ज़्यादा ही कठिन-उम्र किशोरी है
जिसे आसान समझने की भूल
एक कठिन मर्दाना कमज़ोरी है।

आधुनिक किस्म की हिंसाएँ

दर्पण में ख़ुद को अजनबीयत से घूरना
बाज़ार में खाली जेब चले आना
पत्नी से फिर प्रेमिका होने की उम्मीद करना
हिंसा है

किसी सड़कछाप लुक्खे को गाँधी करार देना
जहाँ जगह न हो वहाँ हँस देना
अकारण अपने पड़ोसी को पहचान लेना
हिंसा है

किसी शब्द से उसका मौलिक अर्थ छिपाना
किसी पेड़ से पूछना उसकी शेष उम्र
किसी स्त्री से उसके कौमार्य बाबत जानना
हिंसा है

मामूली से मामूली इच्छा का त्याग हिंसा है
अपने समय से थोड़ा पीछे चलना हिंसा है
और यहाँ तक कि
तटस्थता भी एक किस्म की हिंसा ही है।

सिर्फ़ उनका पल्लू जानता है

अपने वर्ग से असन्तुष्ट मगर
उसी में जीने को अभिशप्त
वे ऐसी औरतें हैं
जो 'स्टार प्लस' और 'सहारा वन' के भरोसे
अपने दिन-रात के खिट्करम और
छोटे-बड़े दुःखों का कोई ब्यौरा
सँभालकर नहीं रखती हैं

और यह कोई अचरज की बात नहीं है कि
तेरह हाथ लम्बे कपड़ों के बावजूद
नाख़ून भर बाहर झाँकते स्तनों की गोलाई
काफ़ी होती है उन्हें 'ऐसी-वैसी' साबित करने के लिए

'यत्र नार्यस्तु पूज्यन्ते...'
मगर कौन नहीं जानता कि बन्द किवाड़ों के भीतर
यहाँ नारी को कितना और कैसे पूजा जाता है!

और जबकि किवाड़ों के बाहर भी
दुनिया अब उन्हें
महज़ देह साबित करने में व्यस्त है
सिर्फ़ उनका पल्लू जानता है कि
वे पसीने की कितनी अभ्यस्त हैं!

❑ ❑ ❑

णाणं
पयासयं
वीर निर्वाण 2470
ई.सन 1944
भारतीय ज्ञानपीठ